BOBBY BRÄUER

1 HOT DOG
UND
2 STERNE

Brillant kochen auf jedem Niveau

1 HOT DOG 2 UND STERNE

Brillant kochen
auf jedem Niveau

Fotos **Thorsten Jochim**

INHALT

DER SCHÖNSTE
BERUF DER WELT

Koch, das ist für mich der schönste Beruf, den ich mir vorstellen kann: der Umgang mit großartigen Produkten, die Möglichkeit, die eigene Kreativität jeden Tag umsetzen zu können, Menschen mit dem Ergebnis glücklich zu machen – wo findet man das sonst? Aber man muss diesen Beruf auch wirklich leben, denn zum Kochen gehört der Respekt vor den Produkten, die – egal ob Fleisch, Fisch oder Pflanze – lange Zeit wachsen und gepflegt werden, bevor wir sie verarbeiten und verzehren. Ganz wichtig dabei sind vor allem Sorgfalt, ein Gefühl für Ästhetik und ganz viel Bauchgefühl.

Auf dieses Bauchgefühl kommt es nämlich beim Kochen an, ganz unabhängig davon, ob ich nun einen Hot Dog zubereite oder ein Zwei-Sterne-Gericht. Darum geht es in diesem Buch. In der BMW-Welt bin ich für alle kulinarischen Belange zuständig, aber mein Schwerpunkt liegt in der Küche des EssZimmers. Doch auch alle anderen Bereiche sind mir wichtig, und ich achte sehr darauf, dass alles, was wir unseren Gästen anbieten, liebevoll zubereitet ist. Und genau das können Sie auch – mit Liebe und Sorgfalt kochen. Überlegen Sie einmal, wie oft man sich schnell und etwas lieblos ein Sandwich zusammenstellt oder einen Salat in die Schüssel wirft. Dabei dauert es gar nicht so viel länger, wenn man sich darauf konzentriert, was man tut, ein paar Kräuter hinzufügt und vor allem frische Zutaten verwendet.

Ich gebe zu, die Rezepte aus dem EssZimmer in diesem Buch sind eine Herausforderung und die entsprechenden Gerichte nicht ganz so einfach zu kochen. Ich beschreibe hier aber ganz bewusst die Original-EssZimmer-Rezepte. Schließlich heißt es auch im Titel „zwei Sterne" und nicht „leichte Sterne-Rezepte für zu Hause". Aber das Nachkochen ist nicht unmöglich. Als Hilfestellung habe ich eine Gebrauchsanweisung geschrieben und außerdem müssen Sie nicht alles 1:1 nachkochen. Betrachten Sie die Gerichte doch auch als Anregung! Suchen Sie sich ein paar Komponenten heraus und kochen Sie einfach drauflos. Es macht nämlich Spaß, sich langsam an Neues heranzutasten. In diesem Sinne hoffe ich, dass Sie mit diesem Buch viel Spaß haben werden – auf jedem Niveau.

Ihr Bobby Bräuer

DER BRÜCKENBAUER

Der Philosoph Arthur Schopenhauer war dem Berufsstand des Kochs sehr zugetan, häufig sogar mit untypischem Wohlwollen. Er äußerte einmal, dass Köche Brückenbauer sein können und jedes gut gemachte Essen nicht nur satt macht, sondern auch eine sinnstiftende Maßnahme sein kann. Dem schließe ich mich an, doch es gibt in unseren Landen nur sehr wenige Köche, die dem gerecht werden.

Bobby Bräuer ist einer davon. Er baut mit diesem Buch eine Brücke zwischen der hochdekorierten Spitzenküche und den kleinen, schnell gemachten Gerichten, die unkompliziert Freude bereiten und nie aus der Mode kommen. Er zeigt kreative Möglichkeiten auf und führt ohne Umwege zum Ziel: Spaß zu haben mit Gerichten aller Art, je nach Gemütszustand, Mut und Können.

Bobby tut dies nicht aus der herablassenden Warte eines Sternekochs, sondern es ist ihm ein ehrliches Anliegen, die Kochwelten zu verbinden und zusammenzuführen. Mich hat auch überrascht, wie groß die Schnittmengen dabei sind, wie friedlich die Koexistenz zwischen Menü und Snack sein kann. Um das alles unter einen Hut zu bringen, bedarf es eines gewaltigen, professionellen Backgrounds. Man muss tief in diese Materie eintauchen, ohne dabei unterzugehen. Mit Wollen alleine kommt man hier nicht ans Ziel, das Können ist das Maß aller Dinge.

Ich bin sehr stolz, an der Weiterbildung von Bobby Bräuer ein Stück mitgewirkt zu haben, aus dem Edelstein ein Juwel gemacht zu haben. Als er 1989 zum ersten Mal in meine „Aubergine" nach München kam, hatte er bereits einige Stationen hinter sich. Nach seiner Ausbildung bei meinem Freund und Kollegen Otto Koch im „Le Gourmet" in Mün-

chen, war er unter anderem bei André Jäger und Dieter Müller, im „L'Oasis" in La Napoule und im „La Casanavo" in Chianciano Terme. Die Nadel zeigte also deutlich in Richtung Spitzengastronomie.

Der erste, einjährige Aufenthalt in meinem Restaurant war für Bobby Bräuer sicher keine einfache Zeit, denn mich interessierte das individuelle Können meiner Mitarbeiter mehr, als Zeugnisse und bisherige Stationen. Aber er schien Gefallen gefunden zu haben an Geist und Tempo, die damals in der „Aubergine" herrschten, denn nach einem kurzen Intermezzo im „Schwarzwälder" bei Otto Koch, kam er im März 1991 zurück in das „Aubergine". Dieses Mal jedoch als mein Souschef, das ist der kreative und administrative Lotse zwischen dem Chef und den engagierten Mitarbeitern der Brigade. Dieser Job ist nur etwas für belastbare Köche, denn an dieser Stelle sind Druck, Tempo und Stress besonders groß. Das stemmen nur wirkliche Cracks und Könner. Bobby war so einer. Er hat den Tanker zusammen mit mir und einer tollen Mannschaft auf Kurs gehalten und zu immer neuen Zielen geführt. Aber jeder halbwegs ehrgeizige Koch will selbst einmal als Chef agieren. Für Bobby Bräuer begann diese Zeitrechnung im Mai 1992, als er als Küchenchef des „Al Pino" in München die Verantwortung übernahm und aus dem Stand selbst 16 Punkte im Gault Millau erkochte.

Der nächste Karriereschritt startete im Hotel Königshof, wo er während seines fast sechsjährigen Aufenthalts nicht nur 18 Punkte im Gault Millau, sondern seinen ersten Michelin-Stern erkochte, den er souverän auch bei seinen folgenden Stationen, dem „Victorian" in Düsseldorf und in der „Quadriga" in Berlin, verteidigte. Danach verschlug es ihn nach Kitzbühel, wo er zum Koch des Jahres 2012 in Österreich avancierte.

In der Münchner BMW-Welt wurde Bobby im Oktober 2012 schließlich Culinary Director unter der wirtschaftlichen Verantwortung des Hauses Käfer für „EssZimmer", „Bavaria", „Biker's Lodge", „CooperS" und den Bankettbereich. Die bisherige Ausbeute an Auszeichnungen ist beeindruckend: Zwei Michelin-Sterne, 18 Punkte im Gault Millau, „Koch des Jahres" im Bertelsmann-Guide und unter den 20 besten deutschen Köchen im Hornstein-Ranking sind die Headlines dieser Liste.

In einer Zeit, in der nicht nur in der Küchenwelt die Leichtigkeit des Seins gegen die Leichtigkeit des Scheins ankämpft, ist Bobby Bräuer mit seiner Küchenphilosophie ein Leuchtturm. Mit großer Sicherheit und viel Gefühl bewegt er sich innerhalb der Parameter an die Erwartungen eines Spitzenkochs: Ehrlichkeit, Geschmack, Regionalität, Kreativität, Respekt vor dem Produkt und überragendes, handwerkliches Können sind seine Instrumente. Er macht nicht jede Mode mit, aus Angst aus der Mode zu kommen und ist mit dieser Philosophie ein fester Bestandteil der deutschen Spitzenküche geworden. Und mit traumwandlerischer Sicherheit schafft er auch den Twist von den zwei Sternen zum Hot Dog – erlaubt ist, was schmeckt.

Ich wünsche Ihnen mit diesem Buch viel Spaß und viele Anregungen für die eigene Küche. Und Sie werden sehen, Übung macht doch den Meister.

Ihr Eckart Witzigmann

BOBBY
BRÄUER

1

KOCHEN UND ICH –
ZWEI WELTEN

Vor meiner Kochlehre habe ich höchstens mal auf einer Party Spaghetti gekocht. Statt Kellner, wie viele Freunde, war mein Nebenjob Modeaufnahmen für die BRAVO. Da sind wir auch einmal nach der Schule am Wochenende auf einen Gletscher gefahren oder machten einen Kurztrip nach Elba. Das war natürlich cool und brachte ein schönes Einkommen für ein paar Tage Sommer.

Meine Mutter erzählt bis heute, dass ich gerne gekocht hätte, aber da gehen unsere Erinnerungen auseinander. Allerdings bin ich immer gerne irgendwo eingekehrt. Mein Vater hat immer gesagt, dass ich bei jeder Wirtschaft, an der wir vorbeifuhren, halten wollte.

Vielleicht lag mir da doch etwas im Blut, denn, obwohl meine Eltern und Großeltern alle Akademiker waren, und für mich eine ebensolche Karriere sahen, hatte einer der Brüder meines Vaters ein Hotel in Karlsbad-Marienbad und der andere ein Hotel-Restaurant am Traunsee.

DER GLÜCKSFALL OTTO KOCH

Wahrscheinlich haben sich doch die Gene durchgesetzt, als ich nach zwei Semestern eher unmotivierten BWL-Studiums beschloss, ich wolle in die Gastronomie. Ein väterlicher Freund, Dietmar Dollinger, empfahl mir eine Kochlehre – das sei ein gutes Fundament – und vermittelte mich zu Otto Koch. Sein Restaurant „Le Gourmet" auf der Theresienhöhe in München hatte schon damals einen Michelin-Stern. Für Otto war ich im ersten halben Jahr wahrscheinlich ein schwieriger Fall. Für mich, der ich bis zum 18. Lebensjahr (mit Ausnahme der Bundeswehrzeit, in der ich vor allem die Bar im Offiziers-Kasino betreiben musste), mein Leben ziemlich selbstbestimmt gestalten konnte, war die neue Forderung nach Pünktlichkeit, Genauigkeit und Disziplin eine große Umstellung. Erst nach einem halben Jahr hat es bei mir schließlich „Klick" gemacht. Als ich Otto darum bat für dieses Buch zu schildern, wie er mich damals sah, kam eine sehr schmeichelhafte Version meiner anfänglichen Einstellung dabei heraus. Danke Otto.

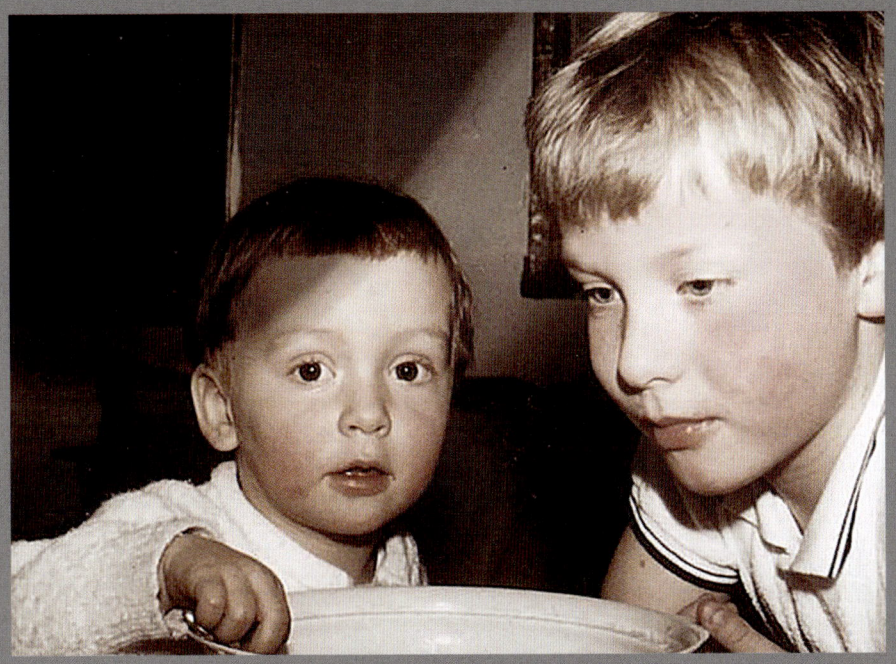

Wahrscheinlich die einzige Gelegenheit, bei der ich als Kind (hier mit meinem Bruder) wirklich in einen Topf geschaut habe.

Zugschaffner war auch nicht mein Traumberuf, aber das Kostüm fand ich cool.

Die Lehre bei Otto war ein Glücksfall für mich. Wir durften im Zuge unserer Ausbildung auf jedem Posten kochen und wurden dadurch natürlich an viele Bereiche herangeführt. Otto war selbstständig und musste auch aufs Geld schauen. So haben wir auch schon damals gelernt, was heute modern „from nose to tail" heißt, also alles vom Tier zu nutzen. Ich finde es großartig, dass dieses Thema gerade wieder in die Küchen zurückkommt, denn zwischendurch hatten es viele Köche tatsächlich verlernt.

VON HUHN UND WÜRSTCHEN ZUR GROSSEN FRANZÖSISCHEN KÜCHE

Außerdem lud Otto Koch das ganze Team einmal im Jahr nach Frankreich ein, in Zwei- oder Dreisterne-Häuser wie etwa Haeberlins „L'Auberge de l'ill". Diese große französische Küche zu erfahren, war für uns eine ganz neue Welt. Man darf nicht vergessen, dass es damals noch kein Internet gab. Wir konnten andere Küchen nur „analog" kennenlernen. Ob ich da schon daran gedacht hatte, dass ich auch einmal in dieser Liga kochen möchte? Ehrlich gesagt, saß ich eher voller Ehrfurcht vor diesen 13 Gängen. Nachdem wir das Restaurant verlassen hatten, war ich so überwältigt – ich musste das Ganze erstmal geistig verdauen. Später habe ich bei Eckart Witzigmann noch ganz andere Produkte kennengelernt, aber damals konnte ich gar nicht fassen, was es alles gab und was man alles kochen konnte.

Vor irgendwelchen Träumen, selbst einmal in einem solchen Haus zu kochen, galt es natürlich die Kochprüfung zu bestehen. Ich kann mich noch immer an das Prüfungsgericht erinnern. Vorspeise: Gemüsesuppe, Dessert: Gedeckter Apfelkuchen und als Hauptgang eine Poularde Chippolata, das bedeutet eine klassische Garnitur aus glasierten Perlzwiebeln und kleinen gebratenen Chippolata-Würstchen. Großartig, Huhn und Würstchen, was für eine Kombination. Ich hatte dann separat noch eine Sauce angesetzt. Diese hätte ich aber aus der Reine ziehen sollen, also bekam ich nur eine Zwei. Na ja, mir war aber damals schon klar: Mein Leben hängt nicht von Bestnoten in Prüfungen ab.

Ich hatte Blut geleckt und wollte mehr von dieser Welt der Küche sehen. Zwar war ich noch ein ganz kleines Würstchen (genau wie der Hot Dog auf den Seiten 16, 17), aber schon mit ein bisschen Feinschliff und eigenem Geschmack. Und dann, dank der Vermittlung von Otto Koch, ging es auch schon bald in die große weite Welt – in André Jägers „Fischerzunft" mit einem Stern in der Schweiz.

Eher cool als diszipliniert.

Otto hat uns in große Gourmet-Tempel und zum „After-Work" um Mitternacht ins „Traders Vic" geführt, zu den „Mehune –Männchen" (wer sie kennt, weiß was ich meine).

MEIN HOT DOG

Es gibt Dinge, die schmecken nur dann gut, wenn sie genau so sind, wie man sie sich vorstellt. Dazu gehört für mich ein klassischer Hot Dog im Hot-Dog-Brötchen. Ich will auch ganz normale Hot-Dog-Würstchen. Und Senf und Ketchup müssen einfach sein. Davon abgesehen kann man natürlich schon ein bisschen kreativ werden: Hier also das Rezept für meinen absoluten Lieblings-Hot-Dog.

SENFKÖRNER

100 ml Apfelsaft

1 EL Senfkörner

Den Apfelsaft in eine kleine Sauteuse geben. Die Senfkörner hinzufügen und bei mittlerer Hitze einkochen lassen, bis die Flüssigkeit komplett aufgesogen ist.

SAUERKRAUT

1 EL Öl

1 weiße Zwiebel, halbiert und in feinen Streifen

100 g frisches Sauerkraut

3 Wacholderbeeren

Salz

Zucker

200 ml trockener Sekt

Das Öl in einem kleinen Topf erhitzen und die Zwiebelstreifen darin glasig dünsten. Das Sauerkraut, die Wacholderbeeren und die Zwiebel dazugeben. Alles mit Salz und Zucker würzen, dann den Sekt angießen. Den Topf mit dem Deckel verschließen und das Sauerkraut bei mittlerer Hitze 35–40 Minuten lang köcheln lassen, bis es weich ist. Den Deckel abnehmen und weiterköcheln lassen, bis alle Flüssigkeit verkocht ist. Das Sauerkraut beiseitestellen.

ZWIEBELRINGE

2 weiße Zwiebeln

Fett zum Frittieren

2 EL Mehl

Salz

Die Zwiebeln schälen, in feine Scheiben schneiden und in diese in Ringe teilen.
Einen mittelgroßen Topf etwa zur Hälfte mit Frittierfett füllen. Das Fett auf 150 °C erhitzen. Den Backofen auf 70 °C (Umluft) vorheizen (zum Warmstellen). Das Mehl in einen kleinen Teller geben und die Zwiebelringe darin mehlieren. Überschüssiges Mehl von den Ringen abschütteln und diese anschließend in dem heißen Fett goldgelb ausbacken. Aus dem Fett nehmen, auf Küchenpapier legen, salzen und im Ofen warm stellen.

KNUSPRIGE PANCETTA

3 Scheiben Pancetta, in feinen Streifen

Die Pancettastreifen in einer beschichteten Pfanne bei mittlerer Hitze in ca. 4 Minuten knusprig braten. Aus der Pfanne nehmen und auf Küchenpapier abtropfen lassen.

HOT DOG ZUSAMMENSETZEN

Salz

2 Petersilienstängel

½ gespickte Zwiebel (3 getrocknete Lorbeerblätter mit 3 Gewürznelken an die Schnittfläche der Zwiebel heften)

4 Milchbrötchen, längs aufgeschnitten

4 Hot-Dog-Würstchen

2 Frühlingszwiebeln, in feinen Ringen

3 EL mittelscharfer Senf,
in einem kleinen Spritzbeutel

3 EL guter Tomatenketchup,
in einem kleinen Spritzbeutel

In einem mittelgroßen Topf Salzwasser mit den Petersilienstängeln und der gespickten Zwiebel auf etwa 80 °C erwärmen. Die Würstchen hineingeben und etwa 10 Minuten erhitzen.

In der Zwischenzeit die aufgeschnittenen Milchbrötchen jeweils mit den Schnittflächen nach unten auf den Toaster legen und anrösten.

Das Sauerkraut in die aufgeschnittenen Brötchen verteilen und mit den Senfkörnern bestreuen. Darauf zuerst die knusprigen Pancettastreifen, dann die Frühlingszwiebelringe und zum Schluss die Würstchen legen. Alles abwechselnd mit Senf und Ketchup aus den Spitzbeuteln verzieren. Die Röstzwiebeln auf dem Belag verteilen und jedes Brötchen leicht zusammendrücken.

EINE ART GEBRAUCHSANLEITUNG FÜR MEINE REZEPTE

Kochen kann man auf jedem Niveau schön - aber je höher der Anspruch, desto komplizierter werden natürlich auch die Rezepte, desto filigraner die einzelnen Komponenten und desto aufwendiger oft auch die Gerätschaften.

Sicher sind gerade die EssZimmer-Gerichte nicht ganz leicht nachzukochen und wahrscheinlich eher für ambitionierte Hobbyköche geeignet. Ich habe mich aber bemüht, die Zubereitung so ausführlich wie möglich zu beschreiben. Wagen Sie sich also vielleicht doch an eines der Rezepte, wenn Sie gerne kochen. Oder suchen Sie sich einzelne Komponenten daraus aus. Oder fangen Sie mit den einfacheren Rezepten in diesem Buch an und „arbeiten" sich bis zur Sterneküche vor, das musste ich ja auch in meinem Berufsleben.

MENGENANGABEN

Ein großes Thema sind die Mengenangaben. In der Profiküche kochen wir nicht für vier Personen und können so einer Rezeptur auch sehr feine Geschmacksnuancen zufügen, die dann im Rezept hier im Buch in kleinen Grammzahlen angegeben werden.

In einigen Fällen habe ich also statt 5 g oder 10 g als Maßeinheit Teelöffel oder Esslöffel (TL, EL) angegeben. Manchmal lässt es sich aber nicht vermeiden, kleine Grammangaben zu machen. Dazu lohnt sich die Anwendung einer Mikrowaage.

Bei manchen Komponenten, zum Beispiel einigen Pasten, die nur auf das Gericht aufgetupft werden, habe ich im Rezept die Grammzahlen deutlich erhöht, da Sie sie sonst nicht mehr weiterverarbeiten können (10 g lassen sich einfach unheimlich schwer mixen). Zusätzlich gebe ich daher an, wie viel einer solchen Paste oder Creme Sie letztendlich zum Anrichten benötigen.

Für jeden Koch ist es in der Tat unheimlich schwierig, genaue Rezepte zu schreiben. Denn selbst wenn wir nicht einen großen Topf Fond zubereiten, eigentlich kochen wir natürlich viel nach Gefühl. Ich habe alle Rezepte selbst noch einmal ausprobiert, sollte mir trotzdem eine Mengenangabe nicht exakt gelungen sein, dann bitte ich um Entschuldigung – oder habe eben einfach einen etwas anderen Geschmack.

Salz, Pfeffer, Zitronensaft habe ich oft nicht in genauen Mengen angegeben, weil Sie damit abschmecken sollen. Und abschmecken heißt schließlich „nach Ihrem Geschmack würzen". Und bei Butter oder Öl zum Anbraten habe ich ebenfalls meistens auf Mengenangaben verzichtet. Da vertraue ich Ihnen völlig.

EIN PAAR SONDER-REZEPTUREN

Bei den Amuse-Gueule- bzw. den Apero-Rezepten für das EssZimmer sind die Mengenangaben tatsächlich sehr klein. Wir wollten beim Original-Rezept bleiben, denn schließlich zeigt dieses Buch ja die ganze Bandbreite guter Küche vom Hot Dog und Sandwich bis eben zur Zwei-Sterne-Küche. Wenn Sie zu Hause nicht solche Winzigkeiten servieren möchten, dann nehmen Sie sich doch jeweils ein oder zwei der Rezepte heraus, vervierfachen die Mengenangaben – und schon haben sie wunderbare Vorspeisen.

Bei den EssZimmer-Rezepten werden Sie ab und zu Produkte wie Müsliriegel oder Petersilien-Lollis finden. Wenn Sie diese wirklich nur in jeweils vier Portionen herstellen, könnte es sein, dass Sie mich bei den Mengenangaben verfluchen. Stattdessen schlage ich Ihnen vor, von diesen Produkten doch einfach ein paar mehr zu produzieren und die Mengenangaben entsprechend zu vervielfachen. Alle diese Produkte kann man entweder zum Naschen aufheben oder auch in doppelter Portion gleich verspeisen.

REIHENFOLGE DER ZUTATEN

Ich habe mich bemüht die Reihenfolge der Zutaten auch in der Reihenfolge aufzulisten, in der man sie bei der Herstellung der Rezepte benötigt.

Dadurch tauchen „Hauptzutaten" manchmal erst später in der Zutatenliste auf. Denn oft ist eben die Vorbereitung der anderen Komponenten zeitaufwendig, oder muss sogar am Tag zuvor durchgeführt werden.

MISE EN PLACE

„Mise en place" bedeutet, dass man vor der eigentlichen Zubereitung alle Gerätschaften und Produkte für das geplante Gericht zurechtlegt und manche Produkte teilweise schon bearbeitet, beispielsweise Gemüse putzt, schält und in Würfel oder Streifen schneidet. Diese Schritte habe ich daher in die Zutatenliste aufgenommen.

ABLÖSCHEN UND REDUZIEREN

Meine Frau hat mich gebeten zu erklären, warum man so oft mit alkoholischen Flüssigkeiten ablöscht (also auffüllt) und dann wieder reduziert, bis fast keine Flüssigkeit mehr vorhanden ist. Wenn sie mich das fragt, gehe ich davon aus, dass auch viele von Ihnen es nicht wissen ... Es ist ganz einfach: Alkoholische Getränke enthalten Säure. Diese Säure (mit dem Grundgeschmack des Getränks) möchte man im Gericht haben, nicht aber den Alkohol. Daher löscht man einen Fond zunächst mit dem Alkohol ab und reduziert dann bei mittlerer Hitze. So geht der Alkohol, die Säure und der Geschmack aber bleiben.

GAR- UND BRATZEITEN

Die Gar- und Bratzeiten sind wie in allen Kochbüchern Angaben, die je nach Gerät und Produkt leicht variieren können. Bitte prüfen Sie im Einzefall ob Fleisch rosa oder noch blutig ist, oder andere Produkte bissfest. Das gehört zum Kochen einfach dazu.

DAS THEMA „WARM STELLEN"

Wir sind in der Profi-Küche natürlich verwöhnt und können alle bereits zubereiteten Komponenten eines Gerichts unter dem Wärmepass (mit Wärmelampen) stellen. In der Haushaltsküche steht Ihnen dazu nur der auf 50 °C erhitzte Backofen zur Verfügung. Wird der aber noch mal verwendet, müssen Sie die Zutaten, die ich in den Rezepturen warm stelle, im Einzelfall vor dem Servieren noch einmal kurz erwärmen. Ist die Warmstellzeit kürzer, können Sie das Gericht auch mit Alufolie abdecken, das hält gut 10–15 Minuten.

GERÄTSCHAFTEN

Manche private Küche wird besser ausgestattet sein als beispielsweise unsere private. Dennoch fehlen manchmal kleine Gerätschaften, ohne die sich unsere Gerichte schlecht zubereiten lassen. Ich habe sie bei den Rezepten meist nochmals extra aufgeführt. Rechts sind die Geräte aufgelistet, die ich für unabdingbar halte – und die kein Vermögen kosten. Sie sind kein Muss, nur mit ihnen lassen sich die Gerichte etwas einfacher nachkochen. Und: Sie werden Ihnen lange viel Spaß in der Küche machen.

- EINE MIKROWAAGE

- EIN FLEISCHWOLF: Das kann auch die kleinste Version sein, die man an die Tischkante schraubt

- EIN STEAMER-BASKET: Gibt es in jedem Asialaden und es ersetzt den Dampfgarer

- PASSIERTÜCHER/EINMALPASSIERTÜCHER

- EIN TEMPERATURMESSER für Wasser und Fette

- SPRITZBEUTEL in zwei bis drei unterschiedlichen Größen

- SQUEEZEFLASCHEN in verschiedenen Größen

- Sogenannte DESSERT- ODER VORSPEISEN-RINGE in verschiedenen Größen

- EIN KLEINER TORTENRING

- EIN KLEINER ENTSAFTER

- EIN KLEINER MIXER, zumindest ein Stabmixer

- EIN BUNSENBRENNER (Flambierbrenner)

- EIN GEMÜSE-SPIRALISATOR

- EIN SYPHON und entsprechende Gasflaschen. Damit kann man immer tolle Schäumchen machen.

- EINE SORBETIÈRE, wenn Sie Lust auf tolles Eis und Sorbets haben. Eine gute Sorbètiere ist etwas kostspieliger.

- Einmal setze ich auch den THERMOMIX ein. Den brauchen Sie natürich nicht extra zu kaufen, lassen sie das Rezept einfach weg, wenn Sie keinen haben.

2
COOPERS

ASIEN IN DER SCHWEIZ // DIE SCHWEIZER STUBEN IN BADEN-WÜRTTEMBERG // ITALIEN UND ECKART WITZIGMANNS LEGENDÄRE AUBERGINE

Nach Abschluss meiner Prüfung vermittelte mich Otto Koch in das Ein-Sterne-Haus „Fischerzunft" von André Jäger. Da kam es mir manchmal so vor, als müsse ich nochmal von vorne anfangen. André Jäger, verheiratet mit Doreen Jäger, einer Hongkong-Chinesin, hatte damals gerade damit begonnen, die klassische Nouvelle Cuisine sehr stark mit asiatischen Akzenten zu vermischen. Das war etwas vollkommen Neues im deutschsprachigen Raum. Wir jungen Köche hatten mit den meisten dieser Zutaten noch nie gearbeitet; mit den Pasten, den Essigen, den so unterschiedlichen Aromen. Insgesamt ergaben die Gerichte natürlich auch eine völlig andere Geschmacksrichtung. Und Anfang der 1990er Jahre waren Reisen nach Thailand oder Hongkong noch alles andere als selbstverständlich.

Durch diese asiatische Prägung der Küche lernte ich bei André Jäger nicht nur ganz neue Produkte kennen, sondern auch eine neue Art, Essen zu präsentieren. André ließ sich Lacktablets, Bentoboxen und Steamer-Baskets direkt aus Asien schicken, denn Asialäden gab es damals bei uns noch nicht. Er legte großen Wert auf wunderschöne Präsentationen wie sie typisch für die asiatische Küche sind. Mein Horizont wurde damals definitiv erweitert und ich spielte schon mit dem Gedanken, selbst nach Asien zu gehen.

ITALIEN UND DER BEGINN EINER GROSSEN LIEBE

Doch dann wurde es Italien. Hongkong sollte ich erst viele Jahre später privat kennenlernen. Thomas Diepold, ein Bekannter aus München, hatte in der Toskana für die beiden Brüder Flavo, denen das berühmte Weingut Avinognesi in Montepulciano gehörte, die Bodega „La Casa Nova" übernommen. Er rief mich an und fragte, ob ich nicht Lust hätte, für ein Jahr zu ihm zu kommen. Das war wieder eine ganz andere Küchenrichtung, und genau das reizte mich. In der „Casa Nova" wurde nicht auf Sterne-Niveau gekocht, sondern die

echte Cucina Casa Linga zubereitet, italienische Hausmannskost – allerdings auf einem sehr guten Niveau, vor allem was das Handwerk und die Produkte anging. Am meisten haben wir uns von Lina abgeschaut, einer Bäuerin aus der Nachbarschaft, die immer um acht Uhr morgens in unsere Küche kam, und die Pasti vorbereitete: beispielsweise Gefüllte Ravioli oder Chichi – das ist eine mit der Hand gerollte Hartweizenpasta. Es war ein tolles Jahr in der Toskana. Sechs Tage die Woche haben wir gearbeitet und sonntags sind wir nach Montepulciano gefahren und haben mittags irgendwo gut gegessen. Unsere Mannschaft bestand etwa zur Hälfte aus Deutschen und zur anderen aus Italienern. So lernte ich quasi nebenbei auch ganz passabel Italienisch. Und ich habe meine große Liebe zur italienischen Küche entdeckt, die mich nie wieder loslassen sollte.

AUF ZU DEN TALENTSCHMIEDEN

Doch natürlich musste ich irgendwann weiter. Noch einmal vermittelte mir Otto Koch ein Vorstellungsgespräch. Dieses Mal in den „Schweizer Stuben" mit Dieter Müller als Küchenchef. Die „Schweizer Stuben" gehörten damals zu den Top-Five in Deutschland und war eine Wiege großer deutscher Küche. Es war für mich schon eine Ehre, dort überhaupt einen Platz zu bekommen. Ich arbeitete mit dem Chef selbst zusammen am Fischposten. Das damalige Team bestand aus lauter Köchen, die heute bekannte Koch-Größen sind: Andreas Bader als Souschef, Ingo Holland, damals noch als Patissier, aber schon mit einem Faible für Gewürze, Frank Oehler und Stefan Marquard. Wir alle waren ehrgeizig und jeder versuchte schon einmal, den anderen zu überholen. Es herrschte eine große, aber durchaus positive Konkurrenz unter uns. Heute geht es in den meisten Küchen sicher teamorientierter und harmonischer zu, was aber nicht nur Vorteile hat. Unser Ehrgeiz wurde damals jeden Tag gefordert. Ich blieb ein Jahr in den „Schweizer Stuben". Danach durfte ich in einem Haus anfangen, das mich vor allem durch den Besitzer und Küchenchef des Restaurants deutlich prägen sollte: Eckart Witzigmanns „Aubergine" in München. Ich fing als „Chef de Partie Poissonier" an. Damals wunderten sich einige, dass ich mit immerhin schon 27 Jahren, noch zu Witzigmann gehen wollte – wissend, dass man dort nicht oben einsteigt. Für mich aber war es die Erfüllung eines Traums, die Adresse, die ich unbedingt erfahren wollte.

AUS DEM KELLER ZUM SOUSCHEF – DAS GANZ GROSSE KINO

Tatsächlich fing man in der „Aubergine" nicht oben an, sondern erst einmal im Keller. Dort habe ich Fisch filetiert, Gräten gezupft, Gemüse und Saucenansätze für die Fischfonds vorbereitet. Nach drei Monaten schließlich konnte ich nach oben rücken.

Mit mir gemeinsam waren in der Küche Karl Heinz Hauser, Christian Petz, Thomas Martin, Michel Hofmann, Hubert Buckl. Das waren natürlich noch längst nicht alle, die sich später selbst ihren Namen gemacht haben und durch die Schule Eckart Witzigmanns gegangen sind.

Eckart Witzigmann war für mich so faszinierend, weil er absoluter Vorreiter der Regionalität gewesen ist, die ja erst viel später überall populär wurde. Er kochte einerseits mit allen Produkten, die man damals mit einer Drei-Sterne-Küche verband: Hummer, Austern, Kaviar, Rinderfilet, Seezunge und Steinbutt, auf der anderen Seite zeigte er, dass man auch mit regionalen Produkten große Küche machen kann. Wir haben mit gefüllten Kalbsbrüsten, mit Lamminnereien, mit Süßwasserfischen wie Saibling, Forelle oder Äsche gekocht. Diese Produkte waren meist Bestandteil des Mittagsmenüs. Die Abendmenüs waren dann das große Kino der Gourmetküche. Aber Eckart Witzigmann hat eben auch seine „österreichische" Küche auf Drei-Sterne-Niveau gekocht. Deswegen sind solche Trends heute eigentlich nichts Neues.

Zweieinhalb prägende Jahre lang war ich in der „Aubergine". Dann musste ich den nächsten Schritt gehen. Es wurde Zeit, selbst Verantwortung zu übernehmen. Doch die Beziehung zu Eckart Witzigmann hat sich im Lauf der Jahre zu einer Freundschaft entwickelt, wofür ich sehr dankbar bin.

Als dieses Foto aufgenommen wurde (bei einer Küchenparty in Kitzbühel), war ich natürlich schon lange nicht mehr in Eckart Witzigmanns Team. Aber sie sehen, der „Chef" schaut immer noch genau zu.

FENCHELSALAT

Bauernhähnchen // Orange // Chicorée

HÄHNCHEN

2 Maishähnchenbrüste (je 200 g), pariert

Salz, schwarzer Pfeffer aus der Mühle

Mehl zum Mehlieren

Olivenöl zum Braten

FENCHELSALAT

1 Fenchelknolle

1 Chicoréestaude, Strunk entfernt

Saft von 1 Zitrone

Saft von 2 Orangen

2 EL Traubenkernöl

2 EL Olivenöl

Salz, schwarzer Pfeffer aus der Mühle

1 Prise Zucker

ANRICHTEN

8 Kirschtomaten, halbiert

1 gelbe Tomate, in dünnen Scheiben

Salz, schwarzer Pfeffer aus der Mühle

60 g Feta, gewürfelt

1 Stange junger Lauch, in 1 cm dünnen Scheiben

Blattpetersilie zum Dekorieren

Für die Hähnchenbrüste den Backofen auf 160 °C vorheizen. Die Brüste salzen, pfeffern und mehlieren. Olivenöl in einer ofenfesten Pfanne erhitzen. Die Hähnchenbrüste mit der Hautseite nach unten hineinlegen und bei mittlerer Hitze 2–3 Minuten braten. Die Brüste wenden und im vorgeheizten Ofen in 15–20 Minuten garen. Die Brüste aus der Pfanne nehmen und warm stellen (z. B. vor der offenen Backofentür oder im Ofen bei 50 °C. Sie sollen zum Servieren lauwarm sein).

Für den Fenchelsalat vom Fenchel die äußere Schicht entfernen und die Knolle dünn aufschneiden. Die Chicoréeblätter quer halbieren. Fenchel und Chicorée in eine Schüssel geben. Für die Vinaigrette Zitronen- und Orangensaft sowie Traubenkern- und Olivenöl verrühren und mit Salz, Pfeffer und Zucker abschmecken. Chicorée und Fenchel damit anmachen.

FERTIGSTELLEN UND ANRICHTEN

Fenchelsalat auf vier Teller verteilen. Alle Tomaten salzen, pfeffern und anlegen. Die Hähnchenbrüste in Scheiben schneiden und ebenfalls anlegen. Das Ganze mit den Fetawürfeln bestreuen. Zum Schluss die Lauchscheiben über den Salat verteilen und alles mit Petersilie dekorieren.

BAGUETTE

Gegrillte Zucchini // Büffelmozzarella

2 Stück Büffelmozzarella (à ca. 50 g)

Salz, schwarzer Pfeffer aus der Mühle

1 Zucchini

Olivenöl zum Braten

2 EL Sahne

15 Basilikumblätter, in feinen Streifen

3 EL Crème fraîche

2 Spritzer Zitronensaft

FERTIGSTELLEN

1 schmales Baguette

2 Tomaten, in ca. 4 mm dicken Scheiben

Olivenöl zum Beträufeln

1 Bund Rucola, grob geschnitten

Kaufen Sie unbedingt ein gutes, knuspriges Baguette. Natürlich könnten Sie es auch selbst backen, doch der Bäcker um die Ecke wird ein gutes Baguette in seinem Sortiment haben.

Den Mozzarella in gleichmäßig dicke Scheiben schneiden. Diese leicht salzen, in ein Sieb legen und über einer Schüssel etwa 20 Minuten stehen lassen, bis sie etwas Wasser gezogen haben. Anschließend vorsichtig abtrocknen und pfeffern.
Inzwischen die Zucchini der Länge nach in 0,5 cm dicke Scheiben schneiden; diese salzen. In einer beschichteten Pfanne wenig Olivenöl erhitzen. Die Zucchinistreifen darin beidseitig nur so lange braten, dass sie nicht braun werden. Aus der Pfanne nehmen und mit Küchenpapier vorsichtig abtrocknen.

Die Sahne mit dem Basilikum zu einer Paste mixen. In einer kleinen Schüssel die Créme fraîche mit einem Schneebesen anschlagen; mit Salz, Pfeffer und Zitronensaft abschmecken und die Basilikumpaste unterheben.

FERTIGSTELLEN UND ANRICHTEN

Das Baguette der Länge nach halbieren. Den unteren Teil mit der Hälfte der Basilikumcreme bestreichen. Zuerst die Zucchinistreifen und die Tomatenscheiben auflegen, dann die Mozzarellascheiben. Alles mit etwas Olivenöl beträufeln und schließlich den grob geschnittenen Rucola auflegen. Die obere Baguettehälfte mit der übrigen Basilikumcreme bestreichen und das Baguette zusammensetzen. Zum Servieren das Baguette in gleichmäßige Stücke schneiden

FOCACCIA

Serranoschinken // Kopfsalat // Radieschen

150 g Kartoffeln, geschält und gewürfelt

Salz

100 ml Milch

1 kleiner TL Zucker

30 g frische Hefe

500 g Mehl

50 g geschälte Sonnenblumenkerne

1 Bund Rucola, fein geschnitten

2 EL Olivenöl, mehr für das Blech

FERTIGSTELLEN

1 EL Meaux-Senf

100 g Frischkäse

1 Kopfsalat, nur die inneren Blätter verwenden
(aus dem Rest einen kleinen Beilagensalat
machen)

4 Radieschen, in hauchdünnen Scheiben

Blätter von 10 Stangen Sellerie

1 Bund Schnittlauch, in gleichmäßigen Halmen

12 dünne Scheiben Serranoschinken

FERTIGSTELLEN UND ANRICHTEN

Die Focaccia horizontal halbieren und die Innenseiten kurz antoasten; abkühlen lassen. Den Senf
mit dem Frischkäse verrühren und die Focaccia-
Innenseiten damit bestreichen. Zuerst die kleinen
Kopfsalatblätter, dann Schnittlauch, Sellerieblätter,
Radieschen und zum Schluss die Serranoscheiben
auf die Focacciaflächen verteilen. Focaccia zusammensetzen und in gleichmäßige Stücke schneiden.

Die Kartoffelwürfel in einem Topf in 400 ml Wasser mit 7 g Salz weich kochen. Anschließend aus
dem Salzwasser nehmen (Salzwasser aufheben!)
und durch eine Presse drücken. Das Kartoffelwas-
ser durch ein Tuch passieren, 350 ml abmessen,
beiseitestellen und abkühlen lassen.

Die Milch in einem kleinen Topf erwärmen (nicht
wärmer als 36 °C), den Zucker dazugeben und
dann die Hefe in der warmen Flüssigkeit auflösen.
Das Mehl durch ein feines Sieb in eine Schüssel
streuen. In die Mitte eine kleine Mulde formen und
die Milch-Hefe-Zucker-Mischung hineingießen.
Sonnenblumenkerne, Rucola, Olivenöl und die
passierten Kartoffeln ebenfalls in die Schüssel geben. Alles miteinander vermischen und gut durchkneten, bis ein homogener Teig entstanden ist. Die
Schüssel mit einem Tuch bedecken und den Teig
an einem warmen Ort so lange gehen lassen, bis er
sich verdoppelt hat.

Ein tiefes Backblech mit Olivenöl auspinseln. Den
Teig aus der Schüssel nehmen, ein paar Mal zusammenschlagen und dann auf das Backblech legen. Nochmals an einem warmen Ort um das Doppelte aufgehen lassen.

Inzwischen den Backofen auf 220 °C vorheizen.
Anschließend den Teig leicht mit Mehl bestäuben,
in den heißen Ofen schieben und etwa 15 Minuten
backen. Danach die Ofentemperatur auf 180 °C reduzieren und die Focaccia weitere etwa 15 Minuten backen. Das Blech aus dem Ofen nehmen, die
Focaccia auf ein Schneidebrett stürzen und auskühlen lassen.

> Natürlich kann man eine Focaccia auch
> kaufen, aber sie selbst zu backen ist
> wirklich keine große Kunst – man muss
> nur wissen wie!

GEBRATENE FRÜHLINGSROLLE

Pak Choi // Sweet & Sour

Für die Füllung der Frühlingsrollen eine beschichtete Pfanne mit Traubenkernöl erhitzen. Nacheinander Sojabohnen, Karotten-, Lauch- und Paprikastreifen hineingeben und bei starker Hitze kurz anbraten, ohne dass die Gemüse dabei braun werden. Mit ca. 1 TL Salz und ½ EL Zucker würzen. Das Gemüse aus der Pfanne nehmen und auf Küchenpapier abtropfen lassen.

Nun Schalotten- und Knoblauchscheiben sowie die Shiitakepilze in die Pfanne geben und kurz andünsten; das Gemüse hinzufügen.

Eine zweite Pfanne mit Traubenkernöl erhitzen. Das gewolfte Schweinefleisch mit den Gambawürfelchen darin kurz anbraten und mit Salz abschmecken. Das Gemüse dazugeben.

Die in Streifen geschnittenen Korianderblätter und den fein geriebenen Ingwer unterheben und alles gut vermengen. Eventuell nochmals mit Salz und Zucker abschmecken; auskühlen lassen.

Die Reispapierblätter einzeln kurz in Wasser einweichen, anschließend auf einem Geschirrtuch ausbreiten

und trocken tupfen. (Wer das noch nie gemacht hat, benötigt ein bisschen Übung, damit die Blätter nicht in sich zusammenkleben.)
Die Füllung gleichmäßig auf den Reispapierblättern so verteilen, dass am rechten und linken Rand etwas Platz bleibt. Diese beiden Seiten einschlagen und die Blätter über die Füllung einrollen; beiseitestellen.

Für die Tomatensauce in einer Kasserolle das Kokosöl erhitzen. Schalotten, Knoblauch und Chili darin bei mittlerer Hitze anschwitzen. Tomatenmark und Kurkuma untermischen. Die Dosentomaten mit dem Stabmixer pürieren, durch ein feines Sieb passieren und in die Kasserolle geben. Die Sauce mit Salz und Zucker abschmecken, bei mittlerer Hitze weiterkochen lassen, bis sie sämig ist. Mit dem Reisessig abschmecken, abkühlen lassen und kalt stellen.

Für das Sesamdressing in einem Topf das Sesamöl mit dem Reisessig, der Sojasauce und der Geflügelbrühe verrühren. Mit Salz, Zucker und ein paar Spritzern Zitronensaft abschmecken. Die Sesamsamen unterrühren.

FERTIGSTELLEN UND ANRICHTEN

Das Öl daumenhoch in eine beschichtete Pfanne füllen und auf 150 °C erhitzen.
Die Frühlingsrollen vorsichtig hineinlegen und rundherum knusprig braten. Aus der Pfanne nehmen, auf Küchenpapier kurz abtropfen lassen und auf den Tellern anrichten. Den halbierten Pak Choi anlegen und mit dem Sesamdressing beträufeln. Alles mit Koriander dekorieren. Die Tomatensauce in Schälchen dazu reichen.

ERGIBT 12 STÜCK

FRÜHLINGSROLLEN
Traubenkernöl zum Dünsten
100 g Sojabohnen
1 Karotte, in ca. 5 cm langen feinen Streifen
½ Stange Lauch, in feinen Streifen
je ½ rote und grüne Paprikaschote, geschält und in kurzen, feinen Streifen
Salz, Zucker
2 Schalotten, in feinen Scheiben
1 Knoblauchzehe, in feinen Scheiben
4 Shiitakepilze, in feinen Streifen
100 g Schweinefleisch, fein gewolft
6 Gambas (Riesengarnelen), geschält, vom Darm befreit und fein gewürfelt
10 Korianderblätter, in feinen Streifen
50 g Ingwer, fein gerieben
12 Reispapierblätter

TOMATENSAUCE
1 EL Kokosöl
1 Schalotte, fein gewürfelt
½ Knoblauchzehe, fein gewürfelt
1 rote Chilischote, Kerne entfernt
1 TL Tomatenmark, ½ TL Kurkuma
250 g geschälte Tomaten aus der Dose
Salz, Zucker
1 EL Reisessig

SESAMDRESSING
1 EL Sesamöl
½ EL Reisessig
1 TL Sojasauce
2 EL Geflügelbrühe
Salz, Zucker, Zitronensaft
1 TL weiße Sesamsamen

FERTIGSTELLEN
Öl zum Frittieren
3 Baby-Pak-Choi, halbiert
Blätter von 1 Bund Koriander

DANIEL MÜLLER
Mein Küchenchef im Bistro CooperS –
er hat jeden Tag die meisten Gäste von uns!

KICHERERBSEN-EINTOPF

Debreziner // Ligurisches Olivenöl

In einem großen Topf Olivenöl erhitzen und die Speckwürfel glasig braten. Die Butter hinzufügen und zerlassen. Zuerst Zwiebel- und Knoblauchwürfel dazugeben, dann Sellerie, Karotte und Lauch hinzufügen und alles andünsten. Das Tomatenmark untermischen. Die Kichererbsen abtropfen lassen und in den Topf geben. Alles mit dem Weißwein ablöschen.

Die Rinderbrühe in den Topf gießen, alles mit Salz und Pfeffer abschmecken und den Eintopf etwa 30–40 Minuten bei schwächster Hitze simmern lassen. Zum Schluss mit etwas Weißweinessig abschmecken und dann die Debrezinerstücke einstreuen.

ANRICHTEN

Auf vier Teller verteilen, mit Petersilie bestreuen und mit etwas Olivenöl beträufeln.

Olivenöl zum Anbraten

1 Scheibe Tiroler Speck, sehr fein gewürfelt

50 g Butter

1 weiße Zwiebel, fein gewürfelt

½ Knoblauchzehe, sehr fein gewürfelt

50 g Sellerie, in ca. 1 x 1 cm großen Würfeln

50 g Karotte, in ca. 1 x 1 cm großen Würfeln

50 g Lauch, in ca. 1 cm langen Stücken

½ EL Tomatenmark

120 g Kichererbsen, ca. 12 Stunden in Wasser eingeweicht

50 ml trockener Weißwein

1 l Rinderbrühe

Salz

schwarzer Pfeffer aus der Mühle

Weißweinessig zum Abschmecken

3 Debreziner, in ca. 2 cm langen Stücken

ANRICHTEN

Blätter von ½ Bund glatter Petersilie, in feinen Streifen

ligurisches Olivenöl zum Beträufeln

RISOTTO
Pfifferlinge // Stracchino

100 g Butter

4 Schalotten, fein gewürfelt

300 g Pfifferlinge, 200 g davon in feine Stücke geschnitten

250 g Risottoreis

Salz

150 ml trockener Sekt

ca. 1 l Geflügelbrühe, erwärmt

100 g Parmesan, gerieben

50 g Mascarpone

abgeriebene Schale von ½ Bio-Zitrone

Blätter von ½ Bund glatte Petersilie, fein gehackt

100 g Stracchino (italienischer Streichkäse), gezupft

40 g Butter in einer Kasserolle schmelzen. Die Hälfte der Schalottenwürfel darin glasig dünsten, anschließend die Pilzstücke dazugeben und etwa 2 Minuten mitdünsten. Den Risottoreis in die Kasserolle streuen und etwa 2 Minuten mit andünsten. Mit Salz würzen. Alles mit dem Sekt ablöschen und reduzieren lassen, bis keine Flüssigkeit mehr vorhanden ist. Ein Drittel der warmen Geflügelbrühe angießen und alles bei schwacher Hitze unter ständigem Rühren simmern lassen.

Sobald die gesamte Flüssigkeit verkocht ist, ein paar Esslöffel Geflügelbrühe angießen und weitersimmern lassen. Diesen Vorgang so oft wiederholen, bis der Reis al dente und keine Flüssigkeit mehr vorhanden ist.

Nun 50 g Butter langsam untermischen, dann den geriebenen Parmesan, die Mascarpone und die Zitronenschale. Den Topf vom Herd nehmen.

In einer Pfanne die restliche Butter erhitzen und die ganzen Pfifferlinge (100 g) mit den übrigen Schalottenwürfeln darin hell anbraten. Alles mit Salz abschmecken, mit der Petersilie bestreuen, auf Küchenpapier geben und vorsichtig abtrocknen.

ANRICHTEN

Den Risotto auf vier Teller verteilen. Zuerst mit den Pfifferlingen und dann mit dem gezupften Stracchino bestreuen.

3

BIKER'S LODGE

SELBST CHEF –
VOM AL PINO ZUM KÖNIGSHOF

Dass ich in Italien die Liebe zur italienischen Küche entdeckte, habe ich ja bereits betont. Es ist also wenig erstaunlich, dass ich zunächst Küchenchef in einem italienischen Restaurant in München wurde. Aber natürlich nicht in irgendeinem. Valerio Scopell und Walter Sarcletti betrieben damals gemeinsam das „Al Pino" in Solln. Das war DER Italiener der Stadt mit einer innovativen, breit aufgestellten Küche. Für eine erste Position als Küchenchef war das ideal. Zuständig für 80 Plätze drinnen und 80 Plätze draußen, war eine relativ kleine Brigade von fünf Köchen. Zwar musste ich wieder ein wenig auf die italienische Küche umdenken, aber ich habe doch versucht, das umzusetzen, was ich in den Jahren zuvor gelernt hatte – und damit waren wir, glaube ich, ganz erfolgreich. Es gab viel vom Grill, Lammschulter al forno, aber auch Bollito misto und natürlich viele selbst gemachte Pasta-Gerichte. Dies war die gehobene italienische Küche, die mir schon immer gut gefiel. Hier gewöhnte ich mich langsam daran, in der ersten Reihe zu stehen.

DAS EINE WOLLEN ...

Irgendwann stieß ich aber im „Al Pino" an bestimmte Grenzen. Ich konnte und wollte mehr. Also bewarb ich mich für die damals gerade offen gewordene Stelle des Küchenchefs im Hotel Excelsior. Ich bekam ein Vorstellungsgespräch bei Carl Geisel von den Geisel-Hotels – und musste dann hören, dass die Position gerade intern besetzt worden sei. Er wollte aber meine Unterlagen behalten, was ich gar nicht so beachtet habe. Ich fand's nur schade, denn das wäre gerade so meins gewesen. Das Restaurant „Hubertus" im Excelsior hatte damals 17 Punkte, eine überschaubare Größe und hatte einen sehr guten Ruf in München. Aber gut, dann wurde das halt nichts.

... DAS ANDERE BEKOMMEN

Etwa drei Monate später, das war übrigens das Jahr 1993, hörte ich wieder von den Geisels, weil sie einen Tisch für insgesamt 14 Personen (Freunde und Familie) im „Al Pino" reservierten. Den Grund für dieses „Familienessen" verstand ich allerdings erst später. Denn kurz darauf, an einem Sonntagmorgen, rief mich Carl Geisel an und fragte, ob ich noch am selben Tag Zeit hätte, ihn und seinen Bruder Michael im Käfer zu treffen. Bei diesem Gespräch bot er mir die Küchenleitung im „Königshof" an. Im April ging es los.

DAS WAR DANN MAL EINE AUFGABE

Mein Glück war es wahrscheinlich, dass ich diese Position ziemlich blauäugig antrat, obwohl sie größenmäßig völlig neu für mich war. Im Gourmetrestaurant hatten wir mittags 30 bis 50 Gäste, abends waren es 100 bis 120. Dazu kamen diverse Veranstaltungen. Zudem waren wir für den Zimmerservice, die Bar und die Lobby zuständig. Im Service arbeiteten 45 Mitarbeiter, in meiner Küchenbrigade außer mir noch 34 Köche. Wir mussten ja schließlich sieben Tage in der Woche abdecken. Alle meine Köche habe ich nur jeweils an Silvester gesehen, denn da haben wir – über alle Räumlichkeiten – etwa 220 bis 240 Gäste bekocht. Ach so: Und dann kamen noch zwei Mahlzeiten am Tag für jeweils 100 Mitarbeiter und nach dem Service noch für 20 Mitarbeiter aus Zimmerservice und Wagenmeisterei dazu.

Heute kann ich Manfred Friedels skeptische Reaktion bei unserer ersten Begegnung verstehen. Der Maitre des „Königshofs", der damals immer in einem Atemzug mit dem Gourmetrestaurant genannt wurde, war im Urlaub gewesen, als ich angefangen hatte. Etwa eine Woche später kam er zurück, trat an den Küchenpass, schaute mich von oben bis unten an und fragte: „Sie sind der Herr Bräuer? Na ja ...", drehte sich um und ging. Es war ziemlich offensichtlich, dass er diesem 32-jährigen Jungspund ein Haus wie den „Königshof" nicht wirklich zutraute.

Gerade mal 32 Jahre alt war ich damals – und der große Mâitre Manfred Friedel hat auch nicht immer mit dem Jungspund gelächelt.

VOLKS-WIRT

Der Gault Millau lobt Martin Bräuer als „Aufsteiger des Jahres". Einst hatte er kurz Volkswirtschaftslehre studiert. Der Wechsel war richtig, wie sein Menü-Tip beweist

Titelseiten, wie hier die beim VIF-Magazin, machen natürlich schon stolz.

GLANZ UND GLORIA

Vielleicht hatte er in mancher Hinsicht damit gar nicht so unrecht. Mein damaliger Führungsstil zeigte jedenfalls schon, dass ich noch ziemlich unsicher war. Mein Ton war damals wohl ziemlich ruppig. Obwohl mir vor Kurzem erst ein ehemaliger Mitarbeiter sagte: „Na ja, sanft waren Sie nie, aber Sie waren immer gerecht." Ich glaube, das stimmte schon so. Die Aufgabe war aber auch wirklich komplex.

Doch ich habe hier auch, von unserem berühmten Silvester abgesehen, grandiose Veranstaltungen wie die Raritätenprobe mit Hardy Rodenstock erlebt und dabei viel gelernt. Ich durfte mit Tommy Fuchsberger, dem Sohn des berühmten „Blacky" mein erstes Kochbuch machen. Auch erste Fernseherfahrungen waren dabei, die meine spätere Frau Stephanie so kommentierte: „Wenn du mal in die Kamera lächeln würdest und nicht nur auf dein Messer schauen – kämst du viel sympathischer rüber". Na ja, man lernt eben auch in dieser Hinsicht dazu.

WEGGANG MIT WEHMUT

Die Wertungen für das Restaurant waren toll. 18 Punkte im Gault Millau, Koch des Monats im Feinschmecker, dreimal hintereinander Hotel-Restaurant des Jahres in der BUNTEN. Nur der verflixte Stern kam nicht.

Nach sechs Jahren hatte ich die Hoffnung aufgegeben, und als ich das Angebot erhielt, die Küche und langfristig eventuell auch die Geschäftsführung eines neuen italienischen Restaurants auf hohem Niveau im Schäfflerhof (der erste der fünf Höfe in der Münchner Innenstadt) zu übernehmen, griff ich zu. Ich dachte: „Wenn die mich nicht wollen bei Michelin, dann mache ich eben was ganz Anderes." Ich unterschrieb im Sommer für das darauffolgende Frühjahr und – Ironie des Schicksals – im Herbst kam der Stern für den Königshof!

Mein erstes Buch: zusammen mit Tommy Fuchsberger, der selbst Diabetiker war. Danke Tommy, wo auch immer du das jetzt siehst.

Plötzlich mit einigen ganz Großen zusammen genannt zu werden – ein ganz besonderes Gefühl!.

MARIE WALDBURG
SOCIETY & TALK
Telefon 089/9250-2377 Fax 089/9250-3248

Liebt gutes Essen: Schauspielerin Julia Biedermann

Die besten Köche mit insgesamt 35 Sternen. Hinten (v. l.): Helmut Thieltges, Dieter Müller, Christian Bau, Harald Wohlfahrt, Blancpain-Chef Jean-Claude Biver, Mathias Buchholz, Fredy Girardet aus der Schweiz, Hans-Peter Wodarz, Peter Nöthel, BUNTE-Redakteur Wolfgang Ritter, Berthold Bühler, Claus-Peter Lumpp. Vorn (v. l.): Jean-Claude Bourgueil, Heinz Winkler, Eckart Witzigmann, Hans Haas, Martin Bräuer, Kurt Jäger, Thomas Heilemann

Ich stürzte mich trotzdem voll Elan ins „Ca' Brunello". Tatsächlich war das ein wunderschönes, modernes Restaurant (heute „Le Deux"). Wir kochten im Bistro im Erdgeschoss eine feine Casa Linga und im ersten Stock gehobene italienische Küche – durchaus auch mit Steinbutt, Taube und Gänseleber. Mir machte es Spaß, die Resonanz war ausgezeichnet. Nur der Besitzer hatte etwas andere Vorstellungen als ich, und vor allem andere, als wir sie besprochen hatten. Ich war also nicht gerade glücklich. Und da stellte der Direktor des Königshofs, Lorenzo Cattaneo, einen Kontakt zu Dr. König her. Der besaß das „Victorian" in Düsseldorf, dessen Küchenchef Günther Scherrer in Rente gehen wollte.

Das „Victorian" war eine Institution. Günther Scherrer hatte es eröffnet. Paula Bosch, die berühmteste Sommelière Deutschlands, war dort, bevor sie ins Münchner „Tantris" wechselte. Und auch wenn das im benachbarten Kaiserswerth gelegene Restaurant „Das Schiffchen" von Jean-Claude Bourgeuille drei Sterne besaß (und das „Victorian" „nur" einen), Günther Scherrer war in Düsseldorf lange Jahre der Platzhirsch, im positivsten Sinn, gewesen. Auf die Frage einer Journalistin, wie es denn sei, in solch große Fußstapfen zu treten, konnte ich also nur sagen: „Ich werde einfach versuchen, meine eigene Spur zu machen."

ARTISCHOCKENSALAT

Risoni // Kapern // Rucola

Die Nudeln nach Packungsangabe in Salzwasser kochen, abgießen und noch warm in eine Schüssel füllen. Olivenöl, Balsamico, Tomatenstreifen, Artischockenstücke, gehackte Kapern und die Frühlingszwiebeln hinzufügen und alles vermischen. Ganz abkühlen lassen. Anschließend den klein geschnittenen Rucola und das Basilikum dazugeben und alles mit Salz, Pfeffer und Cayennepfeffer abschmecken.

ANRICHTEN

Den Salat vorsichtig in Gläser füllen. Die Sardinen entweder im Ganzen auf den Salat legen oder klein zupfen und unter den Salat mischen. Den Salat nach Wunsch noch mit Rucola und Tomaten garnieren.

100 g Risoni-Nudeln

Salz

40 ml Olivenöl

2 EL weißer Balsamico

30 g getrocknete Tomaten,
in feinen Streifen

100 g Artischocken aus dem Glas,
geachtelt

1 TL Kapern, gehackt

30 g Frühlingszwiebeln,
in feinen Ringen

30 g Rucola, klein geschnitten

Blätter von 2 Stängeln Basilikum,
klein geschnitten

schwarzer Pfeffer aus der Mühle

Cayennepfeffer

ANRICHTEN

4 Dosen-Sardinen

Rucolastücke

Tomatenscheiben

KARTOFFELSALAT

Feta // Pinienkerne // Parmesan

KARTOFFELSALAT

250 g La-Ratte-Kartoffeln

1 EL Olivenöl

Salz

schwarzer Pfeffer aus der Mühle

1 Zweig Thymian

1 Zweig Rosmarin

60 g getrocknete Tomaten, in Streifen

80 g Kirschtomaten, geviertelt

15 g Pinienkerne, geröstet

20 g schwarze Oliven, in Ringen

PESTO

60 ml Olivenöl

Blätter von 2 Stängeln Petersilie

Blätter von 1 Bund Basilikum

25 g Pinienkerne, geröstet

50 g Parmesan

Salz

schwarzer Pfeffer aus der Mühle

ANRICHTEN

100 g Feta, in Würfeln

Basilikum zum Garnieren

Den Backofen auf 180 °C (Umluft) vorheizen. Die Kartoffeln waschen (nicht schälen!) und in Viertel schneiden. Auf ein Blech geben und mit Olivenöl, Salz, Pfeffer, Thymian- und Rosmarinzweig bedecken (marinieren). Das Blech in den Ofen schieben und die Kartoffeln in etwa 20 Minuten garen. Anschließend das Blech aus dem Ofen nehmen und die Kartoffeln auskühlen lassen; Thymian- und Rosmarinzweig entfernen.

In einer Schüssel die Kirschtomatenviertel mit den gerösteten Pinienkernen und den Olivenringen vermischen.

Alle Zutaten für das Pesto fein mixen. Das Pesto mit Salz und Pfeffer abschmecken und unter den Tomaten-Oliven-Salat mischen. Nun die ausgekühlten Kartoffeln unterheben.

ANRICHTEN

Den Salat in Gläsern anrichten. Die Fetawürfel gleichmäßig darauf verteilen und alles mit etwas Basilikum garnieren.

STROZZAPRETI

mit hellem Kalbsragout

Für das Kalbsragout in einem breiten Topf (mit passendem Deckel) das Olivenöl erwärmen.

Zuerst Zwiebel- und Knoblauchwürfel darin glasig dünsten, dann die Fenchel-, Karotten- und Knollenselleriewürfel sowie die Buchenpilze hinzufügen und alles bei mittlerer Hitze etwa 2 Minuten andünsten.

Das Kalbshackfleisch dazugeben, kurz mitbraten und die Mischung mit der Fenchelsaat, Salz, Pfeffer, geriebener Muskatnuss und Cayennepfeffer abschmecken. Anschließend mit Noilly Prat und Pernod ablöschen und unter ständigem Weiterkochen etwa um ein Drittel reduzieren lassen.

Danach die Kalbsbrühe untermischen und alles zugedeckt bei mittlerer Hitze etwa 20 Minuten simmern lassen. Anschließend den Deckel abnehmen, die Sahne dazugeben und das Ragout unter etwas Rühren so lange weitersimmern lassen, bis die Sauce sämig ist. Zum Schluss die Crème fraîche untermischen und das Ragout mit Salz und Pfeffer abschmecken. Warm stellen bzw. bei niedrigster Temperatur auf dem Herd belassen.

Für die Schmortomaten den Backofen auf 160 °C vorheizen. Die Tomaten auf ein kleines Backblech geben und mit Olivenöl, Kräuterzweigen und Knoblauchzehe sowie Salz und Zucker marinieren. Im vorgeheizten Ofen ca. 15 Minuten garen. Anschließend aus dem Ofen nehmen und kurz warm stellen.

FERTIGSTELLEN UND ANRICHTEN

Die Strozzapreti nach Packungsanleitung in Salzwasser kochen. Abgießen und mit Basilikum und Petersilie (ein paar Kräuter für die Garnitur aufheben) unter das Kalbsragout heben.

Zum Anrichten die Nudeln auf tiefe Teller oder Schalen verteilen. Mit den Schmortomaten sowie restlichem Basilikum und Petersilie garnieren.

KALBSRAGOUT

2 EL Olivenöl

50 g weiße Zwiebeln, fein gewürfelt

1 Knoblauchzehe, fein gewürfelt

80 g Fenchel, fein gewürfelt

40 g Karotten, fein gewürfelt

30 g Knollensellerie, fein gewürfelt

30 g Buchenpilze, geputzt

200 g Kalbshackfleisch

1 TL Fenchelsaat, gemörsert

1 gute Prise Salz

1 Prise schwarzer Pfeffer aus der Mühle

1 Prise geriebene Muskatnuss

1 Prise Cayennepfeffer

50 ml Noilly Prat

2 EL Pernod

150 ml Kalbsbrühe

30 g Sahne

30 g Crème fraîche

SCHMORTOMATEN

8 Kirschtomaten, Strunk entfernt

1 EL Olivenöl

1 Zweig Rosmarin

1 Zweig Thymian

1 Knoblauchzehe, angedrückt

½ TL Salz

1 Prise Zucker

FERTIGSTELLEN

200 g Strozzapreti

Salz

Blätter von 3 Stängeln Basilikum, in Streifen

Blätter von 2 Stängeln Petersilie, in Streifen

BROTSALAT

Focaccia // Paprika // Bresaola

150 g Focaccia, in 1 cm großen Würfeln
(nach Belieben selbst gebacken siehe Rezept Seite 28, 29 oder krosses Baguette)

60 ml Olivenöl

1 Zweig Thymian

1 Zweig Rosmarin

1 Knoblauchzehe, angedrückt

Salz

je 30 g gelbe und rote Paprikaschote,
geschält und in Rauten

20 g Fenchel, in Rauten

2 EL weißer Balsamico

Saft und Schale von ½ Bio-Zitrone

40 g Salatgurke, entkernt und gewürfelt

1 Blatt Radicchio, in feinen Streifen

Blätter von 1 Stängel Petersilie,
in feinen Streifen

Blättchen von 1 Stängel Dill, fein gehackt

Blätter von 3 Stängeln Basilikum,
in feinen Streifen

schwarzer Pfeffer aus der Mühle

Cayennepfeffer

ANRICHTEN

60 g Bresaola, dünn aufgeschnitten

Den Backofen auf 180 °C vorheizen. Die Focacciawürfel auf einem Backblech verteilen und mit 1 EL Olivenöl, dem Thymian- und dem Rosmarinzweig, der Knoblauchzehe und etwas Salz marinieren. Die Brotwürfel 5 Minuten im Ofen rösten, danach ein wenig durchmischen und weitere 3 Minuten backen, bis sie goldgelb sind. Das Blech aus dem Ofen nehmen und die Brotwürfel auskühlen lassen. Knoblauch, Thymian und Rosmarin aussortieren und wegwerfen.

1 EL Olivenöl in einer Pfanne erwärmen. Paprika- und Fenchelrauten 2 Minuten darin dünsten, dann mit Balsamico und Zitronensaft ablöschen. Zitronenschale untermischen.

Die ausgekühlten Focacciawürfel in eine Schüssel geben. Das gedünstete Paprika-Fenchel-Gemüse, die Gurkenwürfel, die Radicchiostreifen, die Kräuter und das restliche Olivenöl zu den Brotwürfeln in die Schüssel geben und alles miteinander vermengen. Den Salat mit Salz, Pfeffer und Cayennepfeffer abschmecken.

ANRICHTEN

Den Salat auf vier Gläser verteilen und mit dem Bresaola garnieren. Wichtig: Den Salat nicht zu lange stehen lassen, da die Brotwürfel sonst matschig werden.

POLENTASUPPE

Kurkuma // Pernod // Salsiccia

Den Backofen auf 170 °C vorheizen. Die Polenta auf einem Backblech verteilen und 5 Minuten im Ofen rösten lassen. Danach beiseitestellen.

In einem breiten Topf das Olivenöl erhitzen. Die Zwiebelwürfel darin langsam in etwa 15 Minuten goldgelb braten. Nun Champignons und Fenchelwürfel dazugeben und etwa 2 Minuten mitbraten. Kurkuma, Salz, Pfeffer und Cayennepfeffer darüberstreuen. Alles mit Pernod und Weißwein ablöschen und die Flüssigkeit bei mittlerer Hitze um zwei Drittel reduzieren. Den Geflügelfond dazugießen und einmal kurz aufkochen, dann die angeröstete Polenta unter ständigem Rühren einrieseln lassen.

Die Suppe 25 Minuten bei mittlerer Hitze simmern lassen. Dabei regelmäßig Rühren, damit die Polenta nicht ansetzt. Bis zum Servieren warm stellen oder bei niedrigster Hitze auf dem Herd lassen.

Sahne, Zitronensaft und -schale sowie Knoblauch, Thymian und Rosmarin in die Suppe geben und alles noch einmal aufkochen lassen. Mit dem Stabmixer durchmixen, dabei die Butter hinzufügen. Die Suppe durch ein Sieb in einen Topf passieren und abschmecken.

Für die Salsicca-Bälle das Wurstbrät aus der Hülle nehmen und daraus 4 gleich große Kugeln formen. Mehl und Semmelbrösel in jeweils eine Schüssel geben. Das Ei in einer dritte Schüssel aufschlagen und mit der Milch verquirlen. Die Kugeln erst durch das Mehl rollen, dann durch das Ei und zum Schluss durch die Semmelbrösel ziehen. Zum Frittieren das Öl auf 160 °C erhitzen (in der Fritteuse oder in einem Topf) und die Bälle darin in etwa 4 Minuten frittieren.

FERTIGSTELLEN UND ANRICHTEN

Auf jeden Holzspieß eine Schmortomate und einen Salsiccia-Ball stecken.
Die Polentasuppe mit dem Stabmixer aufschäumen und auf vier Gläser verteilen. Über jedes Glas einen Tomaten-Salsiccia-Spieß legen.

150 g Polenta
3 EL Olivenöl
60 g weiße Zwiebeln, fein gewürfelt
20 g Champignons, geviertelt
30 g Fenchel, fein gewürfelt
1 TL Kurkuma
Salz
schwarzer Pfeffer aus der Mühle
Cayennepfeffer
50 ml Pernod
50 ml Weißwein
400 ml Geflügelfond
100 g Sahne
Saft und Schale von ½ Bio-Zitrone
1 Knoblauchzehe, fein gewürfelt
Blättchen von 1 Zweig Thymian
Blätter von 1 Zweig Rosmarin
60 g Butter

SALSICCIA-BÄLLE
70 g Salsiccia
50 g Mehl
100 g Semmelbrösel
1 Ei
1 EL Milch
Öl zum Frittieren

FERTIGSTELLEN
4 Holzspieße
4 Schmortomaten
(Rezept siehe Seite 49)

LACHS-BRUSCHETTA

Gebeizter Lachs // Lachscreme

Zwei Tage vor der Zubereitung der Bruschetta den Lachs beizen. Dafür den Lachs auf einen Teller legen und auf der oberen Seite mit Salz, Zucker, Zitrusschalen, Dill, Estragon und Fenchelsaat gleichmäßig bestreuen. Mit Frischhaltefolie abdecken und für 10 Stunden in den Kühlschrank stellen.

Nach der Marinierzeit aus dem Kühlschrank nehmen, die Kräutermischung vom Lachs nehmen, den Lachs umdrehen und die Kräutermischung auf die ehemals untere Lachsseite streuen. Fisch erneut abdecken und nochmals mindestens über Nacht in den Kühlschrank stellen.

Am nächsten Tag die Kräutermischung komplett abschaben, den Lachs kurz unter kaltem Wasser abwaschen und anschließend trocken tupfen. Anschließend in dünne Scheiben schneiden.

Für die Lachscreme den Backofen auf 160 °C vorheizen. Das Lachsfilet in eine kleine ofenfeste Form legen. Mit je 1 Prise Salz, Pfeffer und Cayennepfeffer sowie dem Thymian würzen. In den vorgeheizten Ofen stellen und den Fisch 10 Minuten garen. Lachs aus dem Ofen nehmen und kontrollieren, ob er durch ist. Dafür das Filet leicht auseinanderziehen und prüfen, ob der Fisch noch glasig oder schon durchgegart ist. Falls der gewünschte Garpunkt noch nicht erreicht ist, nochmals für ein paar Minuten in den Ofen schieben. Nicht zu trocken werden lassen. Den Lachs zum Abkühlen beiseitestellen.

Apfel und Gurke schälen, entkernen und fein würfeln. Mit dem gehackten Dill und Estragon sowie Ricotta in einer Schüssel vermengen. Zitronenschale und -saft sowie Olivenöl dazugeben, die Masse glatt rühren und mit Salz, Pfeffer, Cayennepfeffer abschmecken. Den abgekühlten Lachs klein zupfen und vorsichtig unter die Masse arbeiten.

FERTIGSTELLEN UND ANRICHTEN

Die Lachscreme auf die Baguettescheiben verteilen. Darauf die gebeizten Lachsscheiben drapieren. Oliven- und Schalottenringe, Tomaten- und Apfelscheiben dekorativ auf den Lachsscheiben verteilen. Alles mit Dill und Basilikum bestreuen und mit Pfeffer übermahlen.

GEBEIZTER LACHS

160 g frisches Lachsfilet (ohne Haut)

6 g Salz

4 g brauner Zucker

abgeriebene Schale von ½ Bio-Zitrone

abgeriebene Schale von ½ Bio-Limette

1 Stängel Dill, gehackt

1 Stängel Estragon, gehackt

½ TL Fenchelsaat, im Mörser fein zerstoßen

LACHSCREME

80 g Lachsfilet (ohne Haut)

Salz

Pfeffer aus der Mühle

Cayennepfeffer

Blättchen von 1 Zweig Thymian, fein gehackt

30 g Apfel

30 g Gurke

Blättchen von 1 Stängel Dill, gehackt

Blätter von 1 Stängel Estragon, gehackt

80 g Ricotta

abgeriebene Schale und Saft von ½ Bio-Limette

2 TL Olivenöl

FERTIGSTELLEN

4 Scheiben frisches Baguette

2 Oliven, in feinen Ringe

1 Schalotte, in feinen Ringe

5 bunte Kirschtomaten, in dünnen Scheiben

½ Apfel (Granny Smith), in feinen Scheiben

15 Dillspitzen

15 kleine Basilikumblätter

schwarzer Pfeffer aus der Mühle

GERÖSTETE PIADINI

Olivenaufstrich // Fenchelsalami

PIADINI

400 g italienisches Mehl 00 (alternativ: Weizenmehl Type 550)

2 TL Backpulver

1 TL Salz

4 EL Olivenöl

OLIVENAUFSTRICH

2 EL Olivenöl

¼ Schalotte, fein gewürfelt

½ Knoblauchzehe, fein gewürfelt

je 5 grüne und schwarze Oliven, gewürfelt

klein gehackte Thymianblättchen

klein gehackter Rosmarin

80 g Ricotta

Salz, schwarzer Pfeffer aus der Mühle

Cayennepfeffer

Für die Piadini alle Zutaten mit 250 ml heißem Wasser (ca. 75 °C) in eine Schüssel geben und mit Knethacken der Küchenmaschine oder des Handrührgeräts verkneten. Alles so lange kneten, bis eine Kugel entsteht und am Schüsselrand kein Teig mehr hängen bleibt. Anschließend den Teig noch etwa 5 Minuten mit der Hand durchkneten. Danach wieder eine Kugel formen, diese in Frischhaltefolie einhüllen und etwa 20 Minuten kühl ruhen lassen. Nach der Ruhezeit den Teig in Portionen à ca. 100 g aufteilen. Die Portionen zu Kugeln formen und diese jeweils zu 2 mm dicken Kreisen ausrollen. Eine beschichtete Pfanne bei mittlerer Hitze vorheizen. Die Piadini nacheinander ohne Öl in der Pfanne auf beiden Seiten ausbacken (pro Seite etwa 1 Minute).

Für den Olivenaufstrich das Olivenöl in einem Topf erhitzen. Schalotten- und Knoblauchwürfel darin glasig dünsten. Anschließend die Olivenwürfel, etwas Thymian und Rosmarin dazugeben und alles ca. 1 Minute mitdünsten. Den Topf vom Herd nehmen, die Olivenmasse in eine Schüssel geben und abkühlen lassen. Wenn die Masse ausgekühlt ist, den Ricotta hinzufügen und alles miteinander vermengen. Die Creme mit Salz, Pfeffer und Cayennepfeffer abschmecken.

> Wer keinen Kontaktgrill hat, kann die Piadini auch einfach in das Backpapier hüllen, in eine Pfanne legen und bei mittlerer Hitze auf beiden Seiten (mit einem Kochtopf beschwert) etwa 3 Minuten toasten.

FERTIGSTELLEN UND ANRICHTEN

1 Bund Rucola, gewaschen

3 Tomaten, in ca. ½ cm dicken Scheiben

100 g Fenchelsalami, dünn aufgeschnitten

50 g Fenchel, in dünnen Streifen

Salz, Pfeffer aus der Mühle

Die Piadini aufschneiden und jeweils beide Hälften mit dem Aufstrich bestreichen. Dann den Rucola auf der einen Hälfte der Piadini verteilen, darauf zuerst die Tomatenscheiben und dann die Fenchelsalamischeiben geben. Zum Schluss die Fenchelstreifen darüberstreuen. Alles mit Salz und Pfeffer würzen. Die Piadini zuklappen und leicht andrücken.

Jeweils einen Bogen Backpapier so zuschneiden, dass man ein Piadini darin einschlagen kann. Piadinis in Papier einschlagen und auf dem Kontaktgrill bei 160 °C etwa 5 Minuten grillen.

TIRAMISU IM GLAS

Kaluah // Amarettini // Erdbeeren

1 Blatt Gelatine

80 g Zucker

50 g ganz frisches Eigelb

250 g Mascarpone

1 Tasse Espresso

2 EL Kahlua

150 g Sahne

FERTIGSTELLEN

200 g Amarettini

200 g Erdbeeren, in Ecken geschnitten

12 Spitzen von Minzeblättern

Die Gelatine in Eiswasser einweichen. Den Zucker mit dem Eigelb mit den Quirlen des Handrührgeräts in etwa 10 Minuten schaumig schlagen. Mascarpone unterheben und 1 Minute lang mitschlagen.

Die Gelatine mit dem Espresso in einen kleinen Topf geben und schmelzen lassen.
Sobald sie geschmolzen ist, den Topf zur Seite ziehen, dann den Kahlua dazugeben und dann alles unter ständigem Rühren in die Mascarponecreme einfließen lassen. Die Sahne leicht anschlagen und mit einem Schneebesen unter die Mascarponecreme heben.

FERTIGSTELLEN UND ANRICHTEN

Von den Amarettini ein paar schöne Exemplare zum Garnieren beiseitelegen. Die restlichen leicht zerdrücken und auf den Boden von vier Gläsern verteilen. Darauf jeweils zuerst ein paar Löffel der Mascarponecreme, dann Erdbeeren verteilen. Die Portionen mit den schönen Amarettini und den Minze-Spitzen garnieren.

MASCARPONE-KÄSEKUCHEN

Aprikosenragout // Zimtstreusel

MASCARPONEMASSE

4 Eigelb

50 g Zucker

abgeriebene Schale und Saft von ½ Bio-Zitrone

230 g Quark

120 g Mascarpone

2 Blatt Gelatine

Saft von ½ Bio-Zitrone

20 ml Grand Marnier

APRIKOSENRAGOUT

50 g Zucker

50 ml weißer Portwein

250 g Aprikosen, gewürfelt

abgeriebene Schale und Saft von ½ Bio-Limette

½ Vanilleschote

ZIMTSTREUSEL

70 g weiche Butter

70 g brauner Zucker

1 TL gemahlener Zimt

125 g gemahlene Haselnusskerne

70 g Mehl

FERTIGSTELLEN UND ANRICHTEN

Das Aprikosenragout auf vier Gläser verteilen, darauf die glatte Mascarponecreme geben und alles gleichmäßig mit den Zimtstreuseln bestreuen. Die Gläser nach Belieben mit Beeren oder Früchten der Saison garnieren.

Den Backofen auf 160 °C vorheizen. Die Eigelbe mit dem Zucker in einer Schüssel vermischen. Zitronenschale, Quark und Mascarpone dazugeben. Die Gelatine in Eiswasser einweichen. Zitronensaft mit Grand Marnier in einem kleinen Topf erhitzen und die Gelatine darin schmelzen lassen. Die Gelierflüssigkeit unter die Mascarponemasse arbeiten.

Die Masse in eine ofenfeste Form füllen und mit Alufolie abdecken. Diese Form in eine größere ofenfeste Form stellen. Die größere Form mit so viel Wasser füllen, dass die mit der Creme gefüllte Form etwa halb hoch darin steht. Die beiden Formen in den Ofen schieben und die Mascarponemasse in etwa 35 Minuten im Ofen stocken lassen. Aus dem Ofen nehmen und über Nacht kalt stellen. Am nächsten Tag die Masse im Mixer glatt mixen.

Für das Aprikosenragout den Zucker in einem Topf bei mittlerer Hitze in etwa 5 Minuten schmelzen lassen, bis er hellgelb ist. Dann mit dem weißen Portwein ablöschen und alles bei mittlerer Hitze so lange weitersimmern lassen, bis die Flüssigkeit um ein Drittel reduziert ist.

Nun Aprikosenwürfel, Limettenschale, Limettensaft und die ½ Vanilleschote dazugeben. Alles noch etwa 1 Minute lang simmern lassen. Beiseitestellen und abkühlen lassen.

Für die Zimtstreusel den Backofen auf 160 °C vorheizen. Ein Backblech mit Backpapier belegen. Die Butter mit Zucker und Zimt schaumig schlagen. Mehl und gemahlene Nüsse unter Rühren nach und nach dazugeben und unterarbeiten, sodass Streusel entstehen. Die Streusel auf dem Backblech verteilen und im vorgeheizten Ofen in etwa 15 Minuten knusprig backen. Aus dem Ofen nehmen und abkühlen lassen.

4

BAVARIE

DÜSSELDORFER
HERAUSFORDERUNG
UND BERLINER PICKNICKS

Gereizt hatte mich an Düsseldorf und dem „Victori-an" vor allem, dass ich dabei nicht nur als Küchen-chef, sondern als (angestellter) Geschäftsführer für das ganze Unternehmen, also für das Gourmetrestaurant, das Bistro, die Events und das Catering verantwortlich sein sollte.

Bald merkte ich aber, dass ich vor der schwierigsten Aufgabe stand, die ich je in meinem Leben zu meis-tern hatte. Erstens wurde die König-Brauerei, noch bevor ich meine Stellung angetreten hatte, an Holsten verkauft und in diesem Zusammenhang der Pachtver-trag um 300 Prozent erhöht (nein, das ist kein Tipp-fehler!). Ein wirklich wirtschaftliches Arbeiten war damit deutlich schwieriger geworden. Und zweitens trat ich, wie schon erwähnt, mit der Nachfolge von Günter Scherrer, das Erbe eines absoluten Lokalmatadors an. Das Restaurant und sein Küchenchef waren einfach DAS Gourmetrestaurant in Düsseldorf mit vielen lang-jährigen Stammgästen. Ich lernte, dass man sich in ei-ner neuen Stadt immer erst beweisen, sich erst einmal einen Namen erarbeiten muss. Und das wurde mir, dem Bayern, in der ersten Zeit nicht ganz einfach gemacht.

SPECKPFANNKUCHEN UND PETER USTINOV

Trotz mancher Schwierigkeiten, hatte ich tolle Erleb-nisse in Düsseldorf. Das jährliche Weinblütenfest in Kaiserswerth, unsere grandiosen Auftritte bei den Medientagen in Köln, bei denen das ganze „Victorian" für drei Tage nachgebaut wurde, unten Bistro und oben Gourmetrestaurant. Und nach einer Weile entwickelte sich auch ein sehr gutes Verhältnis zu den Gästen. Zum Beispiel hatte uns Albert Eickhoff, der Modepapst von Düsseldorf, ein Jahr lang ignoriert. Doch eines Tages rief plötzlich seine Sekretärin an und fragte, ob ich auch Speckpfannkuchen mit Kopfsalat und Joghurtdressing machen könne. Ich versicherte ihr, dass ich das schaf-fen würde. Es muss Albert Eickhoff wohl geschmeckt haben, denn solange ich in Düsseldorf war, wurde er nicht nur zum regelmäßigen Gast, wir durften auch ei-nige private Veranstaltungen für ihn kochen, unter an-derem für den inzwischen leider verstorbenen Peter Ustinov. Wir waren also in Düsseldorf angekommen.

UNSICHERE ZEITEN

Doch dann stand einerseits meine Vertragsverlänge-
rung an, andererseits sollte die Brauerei erneut verkauft
werden. Es war allerdings völlig unklar, wer der Käufer
werden würde und ob der neue Besitzer diese Form
der Gastronomie überhaupt mittragen würde. Und so
habe ich zum ersten Mal in meinem Leben einen Vertrag nicht verlängert und damit quasi gekündigt, ohne
zu wissen, was als nächstes passieren sollte.

Natürlich folgte etwas Neues, und zwar Berlin. Über
eine Headhunting-Agentur kam ich also zum „Brandenburger Hof", ein wunderschönes Haus in einer
spannenden Stadt. Im Westteil Berlins gelegen
war es ein kleines Privathotel mit einem Gourmetrestaurant, das mit 17 Punkten im Gault Millau und
einem Michelin-Stern ausgezeichnet war. Leider gibt es
das so heute nicht mehr.

Dieses Bild stammt schon aus der Quadriga in
Berlin. Die Zeit in der Hauptstadt sollte allerdings
alles andere als schwarz-weiß werden.

In den Gärten von Wörlitz:
Lunch in der Gondel.

BERLIN – LIEBE AUF DEN ERSTEN BLICK

Schon als ich in Berlin nach unserem Umzug das erste
Mal aufwachte, fühlte ich mich wohl. Und dieses Gefühl war wohl eine Vorahnung. Die Zeit in der Hauptstadt (Frühjahr 2004 bis Herbst 2008) sollte insgesamt
großartig werden. Für mich steht sie im Nachhinein für
die Zeit der völlig faszinierenden, manchmal ziemlich
verrückten, aber immer spannenden Veranstaltungen.
Wir produzierten 1000 Picknickkörbe für zwei klassische Konzerte in der Waldbühne, wir kochten für das
Bundeskanzleramt, zuerst für Gerhard Schröder, dann
eine kurze Zeit für Angela Merkel. Der „Brandenburger
Hof" hatte eine Kooperation mit einem kleinen Schloss
etwa eine Stunde von Berlin entfernt, in dem wunderschöne Events stattfanden. Auf einem Segelboot mitten
in Berlin schipperten wir Gäste bei Champagner und
feinen Häppchen über die Spree. In den Gärten von
Wörlitz wurden sie auf Gondeln durch den Park gefahren. An verschiedenen Stationen konnten sie sich mit
kleinen Köstlichkeiten stärken, und zum Abschluss gab
es einen „echten" Vulkanausbruch mit Feuerwerk und
im Anschluss unser „Feuerwerk" vom Käsewagen.

Ein bisschen Berlin ist auch in mir. Immerhin wurde
meine Mutter hier geboren. Ich habe es geliebt, mit
meiner Oldtimer-Vespa diese Stadt zu erkunden.

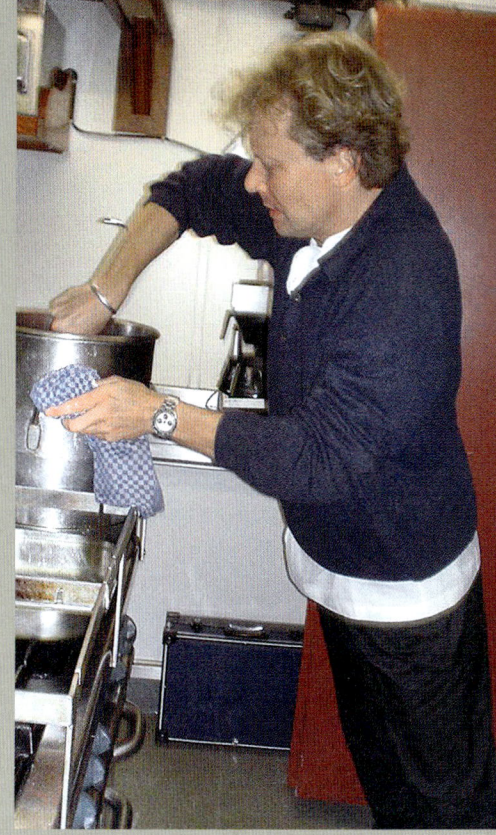

Koch auf hoher See ist nicht so ganz einfach. Aber die Fahrten mit der „Thalassa" waren einfach einmalige Erlebnisse.

CHEFKOCH ZUR SEE

Mein Highlight unter all diesen Events war aber der Segeltörn mit dem Dreimastschoner „Thalassa", den wir insgesamt drei Mal unternahmen. Die Passagiere bestiegen die „Thalassa" auf der Insel Rügen, wohin sie natürlich chauffiert wurden. Dann ging es drei Tage lang auf See bis zur dänischen Küste und wieder zurück zum Zielhafen in Rostock. Die Küche an Bord war winzig, aber wir bekochten unsere Gäste den ganzen Tag mit den köstlichsten Gerichten und Produkten aus dem Meer: Sylter Royal Austern, Hamburger Labskaus, gegrillte Sardellen auf Weißbrot, geräucherte Aale. Vor der Küste Dänemarks richteten wir für alle ein groß-

artiges BBQ an Land aus. An das Kochen in der engen Küche bei Seegang musste ich mich natürlich erst gewöhnen, aber spätestens beim dritten Törn war aus dem Bayern ein erfahrener Seemann geworden.

Fast fünf tolle Jahre verbrachte ich in Berlin. Dann jedoch kam eine Chance, der ich nicht widerstehen konnte. In Kitzbühel sollte ein Hotelresort mit Golfplatz von Grund auf neu eröffnet werden. Man suchte einen Küchendirektor, der auch in der Lage wäre, das Gourmetrestaurant zu einer gefragten Adresse zu machen.

CEVICHE VOM SEESAIBLING

Ingwer // Koriander // Daikon-Kresse

TOMATENSUD

400 g reife Strauchtomaten

15 ml Olivenöl

Blättchen von 1 Stängel Koriander,
in feinen Streifen

Blättchen von 1 Zweig Thymian, in feinen Streifen

Saft von ½ Bio-Orange

Saft von 1 Bio-Limette

1 Scheibe Ingwer

1 TL Tabasco

1 TL Salz

½ TL Zucker

1 Prise schwarzer Pfeffer aus der Mühle

1 Messerspitze Cayennepfeffer

FISCH

400 g Seesaibling, von Haut und Gräten befreit

Salz

GARNITUR

1 Frühlingszwiebel

1 Schale Daikon-Kresse

4 Yellow-Pear-Tomaten (Cocktailtomaten), in
dünnen Scheiben

Für den Tomatensud in einem kleinen Topf Wasser zum Kochen bringen. Die Tomaten waschen. Zwei Stück auf der Oberseite mit einem scharfen Messer kreuzweise einritzen, dann nacheinander auf einem für etwa 10 Sekunden in das kochende Wasser tauchen. Herausheben, sofort unter kaltem Wasser abschrecken und häuten. Anschließend die Tomaten in Viertel schneiden, die Kerne herausnehmen und in einem Mixbecher beiseitestellen. Das Fruchtfleisch fein würfeln und in einer Schale mit Olivenöl sowie Koriander- und Thymianstreifen marinieren. Die restlichen Tomaten klein schneiden und mit Orangen- und Limettensaft in den Mixbecher zu den Tomatenkernchen geben.
Ingwerscheibe, Tabasco, Salz, Zucker und Pfeffer zu den Tomaten in den Mixbecher geben; alles gut durchmixen. Die Mischung über einer Schüssel in ein Sieb schütten und 30 Minuten lang abtropfen lassen. Die Abtropfflüssigkeit mit den marinierten Tomatenwürfel mischen und, falls nötig, nochmals abschmecken. Der Sud soll kräftig scharf und säuerlich schmecken.

Den Saibling in etwa 0,5 cm dicke Scheiben schneiden. Die Fischscheiben auf vier tiefe Teller verteilen und mit Salz würzen.

Für die Garnitur eine kleine Schüssel mit sehr kaltem Wasser bereitstellen. Die Frühlingszwiebel putzen und in feine Ringe schneiden und für etwa 20 Minuten in das kalte Wasser legen. Anschließend auf Küchenpapier abtropfen lassen. (So bleiben die Ringe frisch und grün). Die Kresse 1 cm unter den Blättern abschneiden und mit den Frühlingszwiebelringen in einer Schüssel mischen.

ANRICHTEN

Den Tomatensud auf die vier Teller aufteilen. Den Kresse-Frühlings-
zwiebel-Mix locker über den Fisch fallen lassen und alles mit den
Tomatenscheiben garnieren.

KALBSZUNGE
auf Kartoffelsalat

Die Kalbszunge mit kaltem Wasser abwaschen. Mit Gemüsewürfeln und Weißwein in einen Topf geben. So viel Wasser dazugießen, bis der Topfinhalt bedeckt ist. Anschließend alles bei mittlerer Hitze zum Kochen bringen, dabei den entstehenden Schaum abschöpfen. Sobald kein Schaum mehr vorhanden ist, Gewürze und Salz hinzufügen.

Die Zunge 45 Minuten ganz schwach köcheln lassen. Danach mit einer Fleischgabel in die Zunge stechen: Wenn sie leicht von der Fleischgabel rutscht, ist die Zunge gar; falls nicht, weiterköcheln lassen, bis sie gar ist.

Die Zunge aus dem Topf nehmen und leicht ausdampfen lassen. Anschließend mithilfe eines kleinen Messers die äußere Haut von der noch warmen (!) Zunge abziehen (von der warmen Zunge lässt sich die Haut besonders leicht ablösen). Die Zunge ganz auskühlen lassen und dann in dünne Scheiben schneiden.

Für den Kartoffelsalat den Backofen auf 180 °C (Umluft) vorheizen. Die Kartoffeln waschen und in 1 cm dicke Scheiben schneiden. Auf ein Backblech geben und mit 2 EL Öl vermengen, dann mit Salz und Pfeffer würzen. Im vorgeheizten Ofen 10–15 Minuten garen.

Inzwischen die Zwiebel in dem restlichen Öl in einem Topf glasig dünsten, den Senf untermischen, alles mit der Brühe ablöschen und einmal aufkochen lassen; vom Herd nehmen. Die gegarten Kartoffeln in den Topf zu den Zwiebeln geben, mit Essig und Essiggurkensud vermengen und das Ganze 20 Minuten durchziehen lassen.

Anschließend Essiggurken, Kapern, Frühlingszwiebeln und die Radieschen unter die Kartoffeln heben. Den Salat mit Salz und Pfeffer abschmecken.

KALBSZUNGE

1 gepökelte Kalbszunge (500–600 g)

30 g Knollensellerie, in 2 cm großen Würfeln

30 g Karotten, in 2 cm großen Würfeln

50 g Zwiebeln, in 2 cm großen Würfeln

100 ml Weißwein

1 TL Wacholderbeeren, 1 TL Pfefferkörner

1 Lorbeerblatt, Salz

KARTOFFELSALAT

400 g Kartoffeln (La Ratte; französische Hörnchenkartoffeln)

2–3 EL neutrales Öl, Salz

schwarzer Pfeffer aus der Mühle

40 g Zwiebel, fein gewürfelt

2 EL grober Senf

60 ml Gemüsebrühe

2 EL Essig

2 EL Essiggurkensud

80 g Essiggurken, halbiert und in Scheiben

1 EL Kapern, gehackt

1 Frühlingszwiebel, in feinen Streifen

80 g Radieschen, in Scheiben gehobelt

ANRICHTEN

Den Salat auf vier Teller verteilen und die Kalbszungenscheiben dekorativ darauf arrangieren. Mit Gartenkresse und Kapernäpfel garnieren.

FISH AND CHIPS

Backfisch // Garnelen // Chorizo-Bälle

Für die Mayonnaise die Eigelbe mit Limettensaft, Limettenschale und Senf in einen Mixbecher geben. Während des Mixens das Öl langsam einlaufen lassen, sodass eine Mayonnaise entsteht. Kapern und Anchovies unter die Mayonnaise mixen. Diese mit Salz und Cayennepfeffer abschmecken und in einen Spritzbeutel füllen.

Frittieröl in der Fritteuse auf 160 °C erhitzen. Wer keine Fritteuse hat, kann stattdessen gut 500 ml Frittieröl in einem hohen Topf auf 160 °C erhitzen.

Für den Backfisch zunächst den Ausbackteig herstellen. Dafür die Eier trennen. Die Eiweiße mit 1 Prise Salz und Zucker steif schlagen. Die Eigelbe mit Mehl, Bier und Öl verrühren, bis keine Klümpchen mehr im Teig sind. Nun den Eischnee unterheben.

Das Kabeljaufilet in vier etwa gleich große Stücke portionieren. Mit Salz, Cayennepfeffer und Zitronensaft würzen. Anschließend die Fischstücke durch den Ausbackteig ziehen und im heißen Fett in 4–5 Minuten ausbacken. Die Fritteuse nicht abstellen bzw. das Fett heiß halten.

Für die Garnelen die Garnelen der Länge nach halbieren und mit Salz würzen. Den Tempurateig nach Packungsangabe anrühren und Kurkuma untermischen. Die Garnelen durch den Teig ziehen und im 160 °C heißen Fett etwa 4 Minuten lang frittieren.

Für die Chorizo-Bälle die Chorizo der Länge nach aufschneiden und das Wurstbrät aus dem Darm nehmen. Aus dem Brät 8 gleich große Kugeln formen. Mehl und Semmelbrösel jeweils auf einen flachen Teller geben. Das Ei in elne kleine Schüssel aufschlagen und mit der Milch verquirlen.
Die Chorizokugeln zuerst im Mehl, dann im Ei und zum Schluss in den Bröseln wenden. Anschließend im 160 °C heißen Öl etwa 4 Minuten lang frittieren.

Für die Garnituren die Kartoffeln schälen und durch den Spiralschneider drehen. Stattdessen kann man sie auch mit einem Messer in sehr dünne Streifen oder mit dem Sparschäler in Spiralen schneiden. Es geht darum, sehr dünne Streifen zu produzieren, die man schnell frittieren und dann als Garnitur verwenden kann.
Die Kartoffel-Spaghetti (bzw. -Streifen oder -Spiralen) für 20 Minuten in kaltes Wasser legen. Inzwischen die Daikon-Kresse mit einer Schere abschneiden und ebenfalls in kaltes Wasser legen.
Die Kartoffel-Spaghetti aus dem Wasser nehmen, abtropfen lassen und etwa 10 Minuten auf Küchenpapier weiter abtropfen lassen. Anschließend im (immer noch 160 °C) heißen Fett goldgelb frittieren, herausheben und auf Küchenpapier abtropfen lassen. Anschließend mit etwas Salz würzen.

ANRICHTEN

Die Backfischstücke auf vier Teller oder kleine Bretter geben, die Mayonnaise über den Backfisch spritzen, dann die Kartoffel-Spaghetti auf den Fisch türmen. Garnelen, Chorizo-Bälle und übrige Garnituren drumherum verteilen.

EXTRAS
Fritteuse, Frittieröl, Spiralschneider
(für die Kartoffel-Spaghetti)

MAYONNAISE

2 Eigelb
Saft und abgeriebene Schale von ½ Bio-Limette
1 Messerspitze scharfer Senf
100 ml Sonnenblumenöl
1 EL Kapern
2 eingelegte Anchovies
Salz, Cayennepfeffer

BACKFISCH

2 Eier
Salz
1 TL Zucker
240 g Mehl
250 ml Bier
2 EL Öl
400 g Kabeljaufilet, ohne Haut
Salz
Cayennepfeffer
1 TL Zitronensaft

GARNELEN

6 mittelgroße Garnelen, geschält
Salz
50 g Tempurateigpulver (Tempuramehl)
1 Prise Kurkuma

CHORIZO-BÄLLE

130 g Chorizo
50 g Mehl
100 g Semmelbrösel
1 Ei
1 EL Milch

GARNITUREN

150 g festkochende Kartoffeln
1 Schale Daikon-Kresse, Salz
6 Kapernäpfel, halbiert
1 Bio-Limette, in Spalten geschnitten

GEFLÜGELLEBERPARFAIT

Crumble // süßsaures Gemüse // Kaki-Apfel-Dip

PARFAIT

200 g Butter

15 g Schalotte, fein gewürfelt

50 g Speck, gewürfelt

50 g Apfel, geschält und gewürfelt

60 ml Madeira

200 g Geflügelleber, 1 Ei

Salz, Pfeffer aus der Mühle

Quatre Epices

CRUMBLE

50 g Schwarzbrot

20 g Haselnusskerne

50 g Pumpernickel

Salz, Quatre Epices

SÜSSSAURES GEMÜSE

250 ml Champagneressig

140 g Zucker

3 Wacholderbeeren

1 Lorbeerblatt, 1 Zweig Thymian

1 TL Kümmel

1 Knoblauchzehe, angedrückt

Salz, schwarzer Pfeffer aus der Mühle

150 g Blumenkohl, in Röschen geteilt

6 Baby-Karotten, geschält

60 g rote Zwiebel, geviertelt

KAKI-APFEL-DIP

80 g Kakifrucht, fein gewürfelt

30 g Apfel, geschält und fein gewürfelt

Saft von ½ Bio-Limette

Salz, Quatre Epices

Für das Parfait den Backofen auf 170 °C vorheizen. Die Butter in einer kleinen Pfanne oder Sauteuse aufkochen und so lange bei mittlerer Hitze köcheln lassen, bis sie nussbraun ist.

Die Schalotte mit Speck- und Apfelwürfeln in einer Pfanne glasig werden lassen. Anschließend alles mit dem Madeira ablöschen und um zwei Drittel reduzieren lassen. Beiseitestellen und etwas abkühlen lassen.

Die Geflügelleber waschen und trocken tupfen. In den Mixer geben. Ei, Salz, Pfeffer und Quatre Epices sowie die Apfel-Speck-Schalotten-Mischung hinzufügen. Alles mixen, dabei die braune Butter langsam einfließen lassen.

Sobald die ganze Masse gut durchgemixt ist, diese durch ein Sieb in die ofenfeste Form passieren. Die Form mit Alufolie abdecken und in eine zweite größere ofenfeste Form stellen. Nur so viel Wasser in die größere Form füllen, dass keine Flüssigkeit in die kleinere Form fließen kann.

Die ineinander gesetzten Formen in den Ofen stellen und die Geflügelmasse im vorgeheizten Ofen etwa 40 Minuten pochieren. Die Formen aus dem Ofen nehmen, die mit der Masse gefüllte aus dem Wasserbad heben, in den Kühlschrank stellen und abkühlen lassen.

Die abgekühlte Masse mit den Schneebesen des Handrührgeräts cremig aufschlagen und mit Salz und Pfeffer abschmecken.

Für den Crumble den Backofen auf 160 °C vorheizen. Das Schwarzbrot im Ofen 10 Minuten lang rösten. Herausnehmen und kurz auskühlen lassen. Anschließend im Mixer klein mixen. Nüsse und Pumpernickel hinzufügen und kurz mitmixen. Den Crumble mit Salz und Quatre Epices abschmecken.

Für das süßsaure Gemüse den Champagneressig und 500 ml Wasser sowie Zucker, Wacholder, Lorbeer, Thymian, Kümmel und Knoblauchzehe in einem Topf aufkochen lassen. Alles etwa 20 Minuten zugedeckt ziehen lassen, dann mit Salz und Pfeffer kräftig abschmecken.

Die Einmachgläser heiß auswaschen. In ein Glas die Blumenkohlröschen, in das zweite die Baby-Karotten und in das dritte die Zwiebelviertel füllen. Den süßsauren Sud noch einmal aufkochen lassen, rasch durch ein Sieb passieren und sofort (noch heiß) in die Gläser über das Gemüse gießen. Die Gläser sofort verschließen.
Für den Kaki-Apfel-Dip die Fruchtwürfel miteinander vermischen; mit Limettensaft, Salz, und Quatre Epices abschmecken.

ANRICHTEN

Die Metallringe auf vier Teller setzen. Das Parfait auf die Ringe verteilen und hineindrücken. Etwas Crumble darüberstreuen und die süßsauer eingelegten Gemüse dekorativ hineinstecken. Die Ringe vorsichtig abziehen. Jeweils eine Nocke Kaki-Apfel-Dip neben die Parfaits setzen.

EXTRAS
3 Einmachgläser (ca. 350 ml; für das süßsaure Gemüse), 4 Metallringe (zum Anrichten), eine ofenfeste Form mit mindestens 500 ml Fassungsvermögen

ARTISCHOCKEN

Pernot // Knoblauch // Sauce Aioli

4 Artischocken (Größe nach Belieben)

Zitronensaft zum Beträufeln

2 Schalotten, geschält und längs halbiert

½ Knolle Knoblauch, Zehen geschält und längs halbiert

Butter zum Braten

100 ml trockener Weißwein

50 ml Pernot

2 Zweige Thymian

2 Zweige Rosmarin

1 Bio-Zitrone, geschält und geviertelt

4 EL Salz

SAUCE AIOLI

100 ml Traubenkernöl

2 Knoblauchzehen, geschält und in dünnen Scheiben

2 Eigelb

1 TL scharfer Senf

abgeriebene Schale und Saft von ½ Bio-Zitrone

50 ml Olivenöl

Salz

schwarzer Pfeffer aus der Mühle

1 Messerspitze Cayennepfeffer

1 Messerspitze Safranpulver

ANRICHTEN

Die Artischocken auf vier Teller verteilen und mit der Aioli zum Dippen als Vorspeise servieren.

Die Artischocken kalt abspülen, dann von jeder Blüte den langen Stiel abbrechen. Am besten funktioniert das über einer Tischkante (Abschneiden reicht nicht!) – nur durch das Abbrechen lösen sich ungenießbare Fasern vom Blütenkopf ab.

Anschließend die äußersten Blätter der Artischocken abzupfen (die erste Schicht der Blätter) und mithilfe eines Brotmesser die Artischocke von der Blüte weg um etwa ein Drittel kürzen. Wichtig: Die Schnittstellen der Artischocken sofort mit Zitronensaft beträufeln, damit sie sich nicht verfärben.

Eine mittelgroße Kasserolle im Backofen bei etwa 80 °C vorwärmen. Aus dem Ofen nehmen. Den Backofen nun auf 170 °C vorheizen. Schalotten- und Knoblauchhälften mit den Schnittflächen nach unten in die Kasserolle setzen und mit etwas Butter goldgelb braten. Mit Weißwein und Pernot ablöschen, die Kräuterzweige und die Zitronenviertel hinzufügen und alles einmal aufkochen lassen.

Die Artischocken mit den Blättern nach oben in die Kasserolle auf den Fond setzen, das Salz hinzufügen und so viel Wasser angießen, dass die Artischocken bis zum Blattansatz bedeckt sind.

Die Kasserolle in den heißen Ofen schieben und die Artischocken in 35–45 Minuten garen. Nach der Hälfte der Garzeit die Kasserolle kurz aus dem Ofen nehmen, die Artischocken mit dem Fond (aus der Kasserolle) übergießen, wieder in den Ofen schieben und fertig garen. Die Dauer der Garzeit hängt von der Größe der Artischocken ab. (Gartest: Wenn man ein Blatt aus der Mitte der Artischocke ganz leicht herausziehen kann, ist sie gar.)

Für die Aioli das Traubenkernöl in einem kleinen Topf erhitzen. Die Knoblauchscheiben hineingeben und bei mittlerer Hitze rösten, bis sie goldgelb sind. Aus der Pfanne nehmen und beiseitestellen.

Die Eigelbe mit Senf, Zitronenschale und -saft in einen Mixbecher geben und mixen. Das Olivenöl und den gerösteten Knoblauch währenddessen nach und nach untermixen, bis eine Mayonnaise entsteht. Diese mit Salz, Pfeffer, Cayennepfeffer und Safranpulver abschmecken.

KALBSTATAR

Rote Bete // Hüttenkäse

450 g magerer Kalbsrücken

Blättchen von 2 Zweigen Kerbel

Blättchen von 1 Zweig Estragon

1 EL Kapern

½ Bund Schnittlauch

2 Essiggurken, fein gewürfelt

1 Schalotte, fein gewürfelt

1 TL scharfer Senf

1 TL Sahnemeerrettich

1 EL Olivenöl

1 Spritzer Worcestershiresauce

Salz

schwarzer Pfeffer aus der Mühle

Cayennepfeffer

ROTE BETE

3 gekochte Rote Bete (Vakuumpackung)

1 EL Olivenöl

Salz, Pfeffer aus der Mühle

Saft von ½ Bio-Limette

HÜTTENKÄSE

120 g Hüttenkäse

½ Apfel (Granny Smith),
geschält und fein gewürfelt

4 Radieschen, geschält und
fein gewürfelt

Blättchen von 1 Zweig Dill, fein gehackt

abgeriebene Schale von 1 Bio-Limette

Salz, schwarzer Pfeffer aus der Mühle

Für das Tatar den Kalbsrücken von Sehnen und Fett befreien, dann in sehr feine (0,3 cm große) Würfel schneiden und in eine kalte Metallschüssel geben. Kräuterblättchen und Kapern fein hacken, Schnittlauch in feine Röllchen schneiden. Alles zum Fleisch in die Schüssel geben und miteinander vermengen. Anschließend Essiggurken und Schalottenwürfel untermischen, dann Senf, Sahnemeerrettich und Olivenöl unterrühren. Die Masse mit Worcestershiresauce, Salz, schwarzem Pfeffer und Cayennepfeffer abschmecken.

Für die Rote Bete die Knollen aus der Packung nehmen und den Saft aus der Packung in einer Schüssel auffangen. Die Beten in 0,5 cm große Würfel schneiden. Den Saft mit Olivenöl, Salz, Pfeffer und Limettensaft verquirlen und die Rote-Bete-Würfel damit marinieren.

Den Hüttenkäse in einer Schüssel mit den Apfel- und Radieschenwürfeln vermengen. Den Dill untermischen und das Ganze mit der Limettenschale sowie Salz und Pfeffer abschmecken.

EXTRAS

4 Metallringe zum Anrichten

ANRICHTEN

feine Radieschenscheiben und
Kräuter (nach Belieben)

Auf vier Teller je einen Metallring setzen, das Tatar hineinfüllen und glatt
streichen. Die Rote-Bete-Würfel locker daraufstreuen und alles mit ein
paar Hüttenkäse-Nocken garnieren. Nach Belieben jede Portion mit ein
paar dünnen Radieschenscheiben und passenden Kräutern garnieren.

BOUILLABAISSE

Pernod // Noilly Prat // Sauce Rouille

Für die Rouille den Backofen auf 160 °C vorheizen. Die Paprikahälften mit dem Olivenöl einreiben, auf ein Backblech geben, mit Salz und Pfeffer würzen und den Thymian dazulegen. Die Paprikahälften etwa 20 Minuten im Ofen rösten, bis sich die Haut löst. Danach aus dem Ofen nehmen und so lange auskühlen lassen, bis sie sich gut anfassen lassen; vorsichtig schälen und das Fruchtfleisch beiseitestellen.

Die Kartoffel schälen und in leicht gesalzenem Wasser weich kochen. Durch die Kartoffelpresse drücken und auskühlen lassen.

Die Eigelbe mit Senf, Zitronenschale und -saft sowie Safranpulver in den Mixer geben. Während des Mixens das Sonnenblumenöl langsam und gleichmäßig einfließen lassen, bis eine Mayonnaise entsteht. Das Paprikafruchtfleisch und die Knoblauchwürfel hinzufügen und gut untermixen, bis eine feine Masse entsteht. Diese auf die durchgepresste Kartoffel gießen und alles mit einem Schneebesen glatt rühren. Die Rouille mit Tabasco, Salz, Pfeffer und Cayennepfeffer abschmecken.

Für die Suppe in einem Topf etwas Olivenöl erwärmen. Schalotten- und Knoblauchwürfel darin glasig dünsten. Anschließend Paprika, Fenchel und Tomaten kurz mitdünsten. Paprika- und Safranpulver untermischen. Alles mit Weißwein, Noilly Prat und Pernod ablöschen und um zwei Drittel reduzieren lassen.
Danach den Fischfond und die passierten Tomaten unterrühren. Das Ganze aufkochen lassen und die Suppe mit Salz, Cayennepfeffer, Pfeffer, Zitronenschale und -saft abschmecken. Erst kurz vor dem Servieren die Kräuter in die Suppe geben. Die Suppe bei schwacher Hitze auf dem Herd belassen.

Für den Fisch die Miesmuscheln in kaltem Wasser wässern. 1 EL Olivenöl in einem großen Topf erhitzen, nur die geschlossenen Muscheln in den Topf geben und etwa 1 Minuten garen lassen, dann den Weißwein angießen und den Topf fest verschließen. Muscheln und Wein einmal aufkochen lassen, die Hitze zurückschalten und die Muscheln noch 2 Minuten ziehen lassen; anschließend in die Suppe geben.
Nun die Fische in vier Portionen teilen. Eine große Pfanne mit 1 EL Olivenöl erhitzen. Fischstücke und Garnelen mit Salz und Cayennepfeffer würzen. Alles in die Pfanne geben (die Fischstücke jeweils mit der Hautseite nach unten) und 2 Minuten auf beiden Seiten braten. Fische und Garnelen sollen noch nicht ganz durch sein.

FERTIGSTELLEN UND ANRICHTEN

Die Suppe aufkochen lassen, Fische und Garnelen hineingeben und etwa 2 Minuten durchziehen lassen, bis sie gar sind. Zum Anrichten die Suppe auf vier Suppenschüsseln verteilen; die Sauce Rouille mit Baguettescheiben dazustellen.

SAUCE ROUILLE

1 rote Paprikaschote, längs halbiert und entkernt
1 EL Olivenöl
schwarzer Pfeffer aus der Mühle, Salz
1 Zweig Thymian
1 kleine mehligkochende Kartoffel (100 g)
2 Eigelb, 1 TL scharfer Senf
abgeriebene Schale und Saft von
½ Bio-Zitrone
1 Prise Safranpulver
150 ml Sonnenblumenöl
2 Knoblauchzehen, fein gewürfelt
ein paar Tropfen Tabasco, Cayennepfeffer
Baguette in Scheiben

SUPPE

Olivenöl zum Andünsten
2 Schalotten, 1 Knoblauchzehe, ¼ rote Paprika jeweils fein gewürfelt
100 g Fenchel, in feinen Streifen
8 Kirschtomaten, halbiert
1 TL Paprikapulver
1 Prise Safranpulver
50 ml Weißwein, 50 ml Noilly Prat
40 ml Pernod, 500 ml Fischfond
3 EL passierte Tomaten
Salz, Cayennepfeffer
schwarzer Pfeffer aus der Mühle
Saft von 1 Bio-Zitrone
abgeriebene Schale von ½ Bio-Zitrone
Blätter von je 1 Stängel Basilikum, Thymian und Petersilie, fein gehackt

FISCH

300 g Miesmuscheln, abgebürstet und Bärte entfernt
2 EL Olivenöl, 50 ml Weißwein
2 Doradenfilets (à ca. 70 g), grätenfrei
200 g Lachs, grätenfrei
200 g Seeteufel, ohne Mittelgräte
8 Garnelen, geschält und vom Darm befreit
Salz, Cayennepfeffer

BLUMENKOHL

Räucher-Chips // grobes Salz // Sofrito

BLUMENKOHL

1 Blumenkohl

250 g grobes Salz (als Unterlage für den Blumenkohl im Kugelgrill)

100 g Butter

Salz, schwarzer Pfeffer aus der Mühle

100 g Räucher-Chips

SOFRITO

150 ml Olivenöl

70 g rote Zwiebeln, 0,5 cm groß gewürfelt

1 Knoblauchzehe, fein gewürfelt

je 50 g rote und gelbe Paprikaschoten, in 0,5 cm
großen Würfeln

60 g Auberginen, geschält und gewürfelt

60 g Zucchini, fein gewürfelt

Blätter von je 2 Stängeln Petersilie
und Estragon, gehackt

Blätter von je 1 Zweig Rosmarin und Thymian,
fein gehackt

abgeriebene Schale von ½ Bio-Limette

Saft von 1 Limette

Salz, schwarzer Pfeffer aus der Mühle

Cayennepfeffer

ANRICHTEN

Den Blumenkohl vom Salzbett nehmen, in Viertel
schneiden und mit ein wenig Sofrito anrichten.

Einen Kugelgrill anfeuern und eine schöne Glut run-
terbrennen lassen, bis im Grill eine Temperatur von
140–160 °C erreicht ist. (Alternative zum Kugelgrill siehe
unten.)

Für den Blumenkohl zuerst die Räucher-Chips in Wasser einlegen. Den Blumenkohl von den äußeren grünen
Blättern befreien und den Strunk mit einem Messer so
herausschneiden, dass der Kohlkopf noch im Ganzen
zusammenhält.

In eine große Schüssel gerade nicht mehr kochendes Wasser füllen. Den Kohl für etwa 15 Minuten hineinlegen und beschweren, damit er vollständig unter
Wasser bleibt. Nach den 15 Minuten aus dem Wasser
nehmen und abtropfen lassen. (So verhindert man den
allzu deutlichen Kohlgeschmack.)

Das grobe Meersalz auf ein Backblech oder in eine
ofenfeste Pfanne, die in den Grill passt, verteilen und
den Blumenkohl daraufsetzen.

Die Butter in einem kleinen Topf zerlassen und unter
Rühren mit einem kleinen Schneebesen so lange erhitzen, bis die Molke dunkel goldgelb ist und damit eine
Nussbutter entstanden ist. Die Nussbutter vom Herd
nehmen.

Den Blumenkohl mit einem Viertel der Butter einpinseln
und mit etwas Pfeffer würzen. Das Backblech oder die
Pfanne mit dem Kohl in den Grill stellen und den Deckel
des Grills schließen. Den Blumenkohl etwa 20 Minuten grillen, dann mit einem weiteren Viertel der Butter
bestreichen und weitere 15 Minuten im geschlossenen
Grill garen. Nochmals mit einem Viertel Butter bestreichen und erneut 15 Minuten im geschlossenen Grill
garen, gleichzeitig die Räucher-Chips aus dem Wasser
nehmen und in die Glut des Grills werfen. Den Blumenkohl für weitere 15 Minuten bei geschlossenem Deckel
garen.

Kann man nach der gesamten Garzeit einen Schaschlik-spieß oder eine lange Nadel leicht in den Blumenkohl hineinstechen, ist er fertig. Ist der Widerstand noch stark, den Blumenkohl noch etwas länger garen, bis er sich leicht einstechen lässt. Ist der Garpunkt erreicht, den Blumenkohl mit der restlichen Butter bestreichen und aus dem Grill nehmen.

ALTERNATIVE ZUM KUGELGRILL

Wer keinen Kugelgrill hat, kann den Blumen-kohl bei 160 °C (Umluft) im Backofen garen. Ein leichter Rauchgeschmack lässt sich auch ohne Räucher-Chips erzielen, indem man vorsichtig ein wenig fertiges Rauchsalz über den Blumenkohl streut.

Für das Sofrito den Backofen auf 160 °C vorheizen. Eine ofenfeste Pfanne erhitzen und das gesamte Oli-venöl darin heiß werden lassen. Zwiebel- und Knob-lauchwürfel in die Pfanne geben, nach etwa 1 Minute Paprika-, Auberginen- und Zucchiniwürfel hinzufügen und alles für etwa 3 Minuten auf dem Herd leicht an-braten. Anschließend die Pfanne für 15 Minuten in den Ofen schieben.

Die Pfanne aus dem Ofen nehmen. Die fein gehack-ten Kräuter sowie Limettenschale und -saft unter das Sofrito mischen und das Ganze mit Salz, Pfeffer und Cayennepfeffer abschmecken.

BUTTERFISCH

Avocado // Bulgur // Rucola-Spinat

Den Fisch auf beiden Seiten mit Salz und Cayennepfeffer würzen. Die Avocado halbieren und entkernen. Die Hälften quer halbieren, die vier Avocadostücke schälen und in möglichst dünne Längsscheiben schneiden. Anschließend die Avocadoscheiben auf einer Seite im Schuppenmuster auf die Fischtranchen legen und mit dem Limettensaft beträufeln.

Eine beschichtete Pfanne mit dem Olivenöl erhitzen. Die Fischtranchen mit der Avocadoseite nach unten in die Pfanne legen und in 2 Minuten bei schwacher Hitze langsam goldgelb braten. Die Kirschtomaten waschen und mit in die Pfanne geben.

Den Fisch wenden, Butter in Flocken dazugeben, Thymianzweig hinzufügen und alles noch 2 Minuten braten. Den Fisch aus der Pfanne nehmen, auf Küchenpapier abtropfen lassen und mit den Tomaten auf einer Platte warm halten. Die restliche flüssige Butter aus der Pfanne aufbewahren, ebenfalls warm halten.

Für den Bulgur 400 ml Wasser in einem Topf zum Kochen bringen. Zuerst Kurkuma, Ras el Hanout und Salz, dann den Bulgur in das kochende Wasser geben. Sobald der Bulgur fertig gegart ist, das gewürzte Kochwasser durch ein Sieb abschütten, Bulgur abtropfen lassen und mit Olivenöl und Salz abschmecken.

Für den Rucola-Spinat Rucola und Spinat in kaltem Wasser waschen, die dicken Stiele von den Blättern entfernen und die Blätter in der Salatschleuder trocknen.

In einer Pfanne die Butter zum Schäumen bringen. Die Schalotten- und Knoblauchwürfel darin kurz glasig dünsten. Anschließend Spinat, Rucola und die Tomatenviertel in die Pfanne geben und kurz mitdünsten, bis die grünen Blätter leicht zusammengefallen sind. Das Ganze mit Salz, Pfeffer und Muskat abschmecken.

Für die Sauce ein Küchenpapier in ein Sieb legen. Den Tomatensaft durch das Küchenpapier in einen Topf passieren. (Noch besser ist es, den Saft über Nacht im Kühlschrank langsam abtropfen zu lassen.)

Die Speisestärke in wenig kaltem Wasser anrühren. Den passierten Saft aufkochen lassen und mit der Speisestärke leicht binden. Knoblauch, Basilikum, Thymian und Limettenschale in die Sauce rühren; 10 Minuten ziehen lassen. Anschließend die Sauce durch ein feines Sieb passieren und mit Limettensaft, Salz und Cayennepfeffer abschmecken.

ANRICHTEN

Den Butterfisch mit Avocadoschuppen auf vier Teller verteilen und mit der Butter aus der Pfanne beträufeln. Mithilfe von zwei Löffeln jeweils eine Nocke vom Bulgur und eine vom Rucola-Spinat abnehmen und zu den Fischportionen anrichten. Jeweils zwei gebratene Kirschtomaten anlegen und etwas Sauce angießen.

BUTTERFISCH

4 Tranchen vom Butterfisch

Salz

Cayennepfeffer

1 Avocado

Saft von ½ Limette

1 TL Olivenöl

8 Kirschtomaten

2 EL Butter

1 Zweig Thymian

BULGUR

½ TL Kurkuma

1 TL Ras el Hanout

Salz

60 g Bulgur

1 EL Olivenöl

RUCOLA-SPINAT

4 Bund Rucola

150 g Babyspinat

20 g Butter

1 Schalotte, fein gewürfelt

1 kleine Knoblauchzehe, fein gewürfelt

4 Kirschtomaten, geviertelt

Salz, schwarzer Pfeffer aus der Mühle

frisch geriebene Muskatnuss

SAUCE

300 ml Tomatensaft

20 g Speisestärke

1 Knoblauchzehe, angedrückt

Blätter von 1 Stängel Basilikum

Blättchen von 1 Zweig Thymian

abgeriebene Schale und Saft von ½ Bio-Limette

Salz, Cayennepfeffer

PHILIP JAEGER, der Küchenchef in
der Bavarie. Er hat bei mir
im EssZimmer gearbeitet, bevor er
diese Position übernahm,
und ich bin richtig stolz auf ihn.

Für den Seeteufel den Backofen auf 170 °C (Umluft) vorheizen. Das Fischfleisch von beiden Seiten mit Salz und Cayennepfeffer würzen.

Eine Pfanne auf dem Herd vorheizen, das Olivenöl hineingeben und heiß werden lassen. Den Fisch mit den angedrückten Knoblauchzehen und dem Thymian ins Öl legen und auf beiden Seiten in 2 Minuten goldgelb braten. Den Fisch in eine ofenfeste Form geben und im

vorgeheizten Ofen 20–30 Minuten garen. Die Pfanne beiseitestellen, sie wird später für die Zubereitung der Sauce benötigt.

Für das Gemüse die Poveraden waschen. Die Stiele jeweils auf 2 cm Länge kürzen. (Tipp: Die Poveraden während und nach dem Putzen in Zitronenwasser legen – so werden sie nicht braun.) Die Artischockenköpfe

SEETEUFEL

Artischocken // Kapernsauce

mit einem Sägemesser um 2 cm abschneiden. Nach diesem Schritt von jeder Artischocke die äußerste Blätterschicht abzupfen und mit einem Sparschäler Stiel und Stielansatz schälen. Die nun geputzten Poveraden längs halbieren und abtrocknen.

Olivenöl in einer ofenfesten Pfanne erhitzen, die Artischockenhälften auf den Schnittflächen hineinlegen und in 2 Minuten goldgelb braten. Die Kartoffelhälften dazugeben. Die Zitrone mit einem Sparschäler schälen und auspressen. Den Knoblauch andrücken. Zitronenschale und Knoblauch mit Rosmarin und Thymian in die Pfanne geben.

Die Tomaten waschen und an der Rispe zu Artischocken und Kartoffeln in die Pfanne geben. Alles mit Salz, Cayennepfeffer, Pfeffer und Zitronensaft würzen. Die Pfanne zum Fisch in den Ofen schieben und alles zusammen 20–30 Minuten garen.

Für die Sauce von den Limetten die Schale mit einem Sparschäler dünn abschälen und die Schale in feine Streifen schneiden. Anschließend die Limetten dick schälen und die Filets auslösen. Die Filets nur grob hacken.

1 EL Butter in der Pfanne, in der der Seeteufel angebraten wurde, aufschäumen lassen. Die Schalotten darin glasig dünsten, dann mit Noilly Prat und Kapernsud ablöschen.

Den Noilly Prat um die Hälfte einkochen lassen. Den Fischfond zugießen und die Flüssigkeit aufkochen lassen. Die Butter Stück für Stück mit einem Schneebesen in die kochende Flüssigkeit einarbeiten, bis eine sämige Sauce entsteht.

Sobald die Sauce die gewünschte Konsistenz hat, die Pfanne vom Herd ziehen, die Kräutern, Kapern, Limettenfilets und -zesten sowie die Créme fraîche in die Sauce rühren. Mit Salz und Cayennepfeffer abschmecken.

SEETEUFEL

800 g Seeteufel mit Mittelgräte, gehäutet (am Stück)

Salz, Cayennepfeffer

3 EL Olivenöl

3 Knoblauchzehen, geschält und angedrückt, 1 Zweig Thymian

GEMÜSE

8 Poveraden (Mini-Artischocken)

Zitronenwasser für die Poveraden

3 EL Olivenöl

250 g Malta-Kartoffeln, halbiert

1 Bio-Zitrone

1 Knoblauchzehe

je 1 Zweig Rosmarin und Thymian

10 Kirschtomaten an der Rispe

1 TL Salz, 1 Prise Cayennepfeffer

schwarzer Pfeffer aus der Mühle

SAUCE

2 Bio-Limetten, 100 g Butter

2 Schalotten, fein gewürfelt

30 ml Noilly Prat

1 EL Kapernsud, 80 ml Fischfond

Blättchen von je 2 Stängeln Dill, Kerbel und Petersilie, klein gehackt

2 EL eingelegte Kapern, abgetropft

2 EL Crème fraîche

Salz, Cayennepfeffer

ANRICHTEN

Das Gemüse in einer flachen Schale anrichten. Den Fisch daraufsetzen und mit der Sauce übergießen. Als Garnitur bietet sich ein kleiner Salat aus den gleichen Kräutern an, die für die Sauce verwendet wurden.

ROSA GEBRATENE ENTENBRUST

mit Topinambur-Bohnen-Gemüse

2 Entenbrustfilets (à ca. 160 g)

Salz, schwarzer Pfeffer aus der Mühle

Öl zum Braten

1 EL Butter

1 Zweig Rosmarin

1 Zweig Thymian

1 Knoblauchzehe, angedrückt

TOPINAMBUR-BOHNEN-GEMÜSE

150 ml Geflügelfond

40 g Risinabohnen (kleine weiße Bohnen aus Umbrien)

200 g Topinambur

Salz

je 40 g breite Bohnen, Wachsbohnen und Prinzessbohnen, in 0,5 cm dicken Stückchen

50 g Bacon, in feinen Streifen

Olivenöl zum Braten

1 Schalotte, fein gewürfelt

2 EL Butter

frisch geriebene Muskatnuss

schwarzer Pfeffer aus der Mühle

Blätter von 2 Stängeln Petersilie, in feinen Streifen

100 g Johannisbeeren, von der Rispe gezupft

Für die Entenbrustfilets den Backofen auf 160 °C vorheizen. Die Entenbrüste von Sehnen und überschüssigem Fett befreien, dann auf beiden Seiten mit Salz und Pfeffer würzen.

Eine ofenfeste Pfanne mit etwas Öl darin heiß werden lassen. Die Entenbrüste mit der Hautseite nach unten hineinlegen und 2 Minuten bei mittlerer Hitze braten. Anschließend die Pfanne mit den Entenbrüsten für 8 Minuten in den Ofen schieben. Die Pfanne aus dem Ofen nehmen. Die Entenbrüste wenden, Pfanne auf den Herd stellen und die Entenbrüste auf der Fleischseite 30 Sekunden braten, währenddessen mit dem Fett (aus der Pfanne) mithilfe eines Löffels übergießen. Die Brustfilets aus der Pfanne nehmen, in Alufolie packen und etwa 5 Minuten ruhen lassen.

Die Pfanne wieder auf den Herd stellen. Butter mit den Kräuterzweigen und dem angedrückten Knoblauch hineingeben und aufschäumen lassen. Anschließend die Entenbrüste in die Pfanne legen und mit der schäumenden Butter ein paar Mal übergießen. Aus der Pfanne nehmen, längs halbieren und auf den Schnittseiten salzen. Warm stellen.

Für das Gemüse den Geflügelfond mit den Risinabohnen in einem Topf kurz aufkochen lassen und die Bohnenkerne bei mittlerer Hitze in 12–15 Minuten weich garen.

Die Topinamburwurzeln unter Wasser gründlich abbürsten und in gesalzenem Wasser weich kochen. Aus dem Wasser nehmen und auskühlen lassen. Die ausgekühlten Wurzeln halbieren und in 0,5 cm dicke Scheiben schneiden.

Die frischen Bohnenstücke in gesalzenem Wasser kurz blanchieren. Die Baconstreifen in einer beschichteten Pfanne mit etwas Öl langsam anbraten. Sobald sie anfangen goldgelb zu werden, die Topinamburscheiben dazugeben und mitrösten, bis sie goldgelb und knusprig sind. Nun die

Schalottenwürfel hinzufügen und glasig dünsten. Anschließend Butter und Bohnenstücke dazugeben; die Hitze etwas reduzieren. Alles mit Salz, Muskat, und Pfeffer abschmecken.
Kurz vor dem Anrichten die Petersilienstreifen und die Johannisbeeren untermischen.

Das Topinambur-Bohnen-Gemüse auf vier Teller verteilen und die rosa gebratene Entenbrust mittig daraufsetzen.

BOEUF BOURGUIGNON

Rinderschulter // Rowein // Portwein // Kartoffelpüree

Das Fleisch mit Salz und Pfeffer würzen. Einen Schmortopf mit etwas Öl erhitzen und das Fleisch darin in zwei Portionen kräftig anbraten. Aus dem Topf nehmen und beiseitestellen. Karotten, Perlzwiebeln, Knollensellerie und Pilze in den Topf geben und Farbe annehmen lassen. Dann angebratenes Fleisch und den Speck hinzufügen. Alles miteinander anschwitzen. Gewürze und Tomatenmark in den Schmortopf geben und mit anschwitzen. Mit dem Rotwein ablöschen, den Rotwein um zwei Drittel einkochen lassen, dann den Portwein angießen und ebenfalls um zwei Drittel einkochen lassen. Danach Madeira angießen, einmal aufkochen lassen und alles mit der Brühe auffüllen. Den Topf mit dem Deckel schließen und das Boeuf Bourguignon 30 Minuten köcheln lassen.

Anschließend den Deckel abnehmen. Die Speisestärke mit kaltem Wasser anrühren und das Boeuf Bourguignon damit sämig binden. Mit Salz und Pfeffer abschmecken und mit der Petersilie bestreuen.

Für das Püree die Kartoffeln schälen und in Stücke schneiden. In einen Topf geben, mit kalten Wasser bedecken, etwas Salz dazugeben und die Kartoffeln weich kochen. Kartoffeln abgießen und durch eine Kartoffelpresse drücken.

Die Sahne mit der Milch und Butter in einem Topf erhitzen, mit Salz und Muskatnuss würzen, über die durchgedrückten Kartoffeln gießen und alles miteinander vermengen. Zum Schluss den Schnittlauch untermischen und das Püree abschmecken.

ANRICHTEN

Das Gericht entweder portionsweise auf Tellern anrichten oder das Boeuf Bourguignon und das Püree in schönen Töpfen zum Selbstbedienen auf den Tisch stellen.

1,5 kg flache Rinderschulter, in 3 x 3 cm großen Würfeln

Salz, schwarzer Pfeffer aus der Mühle

1 EL Öl

150 g Karotten, in 2 cm dicken Rauten

150 g Perlzwiebeln, geschält

100 g Knollensellerie, in 2 cm dicken und 3 cm langen Balken

100 g Pilze, geviertelt

30 g Speck, in feinen Streifen

1 Lorbeerblatt

5 Wacholderbeeren

1 Knoblauchzehe, fein gewürfelt

2 EL Tomatenmark

200 ml Rotwein

200 ml roter Portwein

50 ml Madeira

1,5 l Brühe

2 EL Speisestärke

Blätter von 3 Stängeln Petersilie, gehackt

KARTOFFELPÜREE

500 g mehligkochende Kartoffeln, Salz

100 g Sahne

100 ml Milch

80 g Butter

frisch geriebene Muskatnuss

½ Bund Schnittlauch, in feinen Ringen

CRÈME BRÛLÉE

mit Beeren der Saison

1 Vanilleschote

200 ml Milch

250 g Sahne

1 Prise Salz

2 Eier

4 Eigelb

60 g Zucker

30 g brauner Zucker

GARNITUR

Früchte und Beeren der Saison,
je nach Größe zerkleinert

EXTRAS

4 Crème-brûlée-Schalen
Bunsenbrenner

FERTIGSTELLEN UND ANRICHTEN

Eine dünne Schicht braunen Zucker auf die ausgekühlte Crème brûlée verteilen. Den Zucker mit einem Bunsenbrenner schmelzen und karamellisieren. Früchte und Beeren der Saison auf den Cremeportionen arrangieren; sofort servieren.

Die Vanilleschote der Länge nach aufschneiden und mit dem Messerrücken das Mark aus den Hälften kratzen. Vanilleschote und -mark mit Milch, Sahne und Salz in einem Topf aufkochen lassen.

Eier und Eigelbe mit 60 g Zucker in einer Schüssel leicht verquirlen. Die aufgekochte Milch-Sahne durch ein Sieb auf die Eier-Zucker-Mischung passieren und alles gut miteinander vermischen.

Ein Wasserbad aufbauen: Einen Topf mit Wasser aufstellen und zum Kochen bringen. In diesen Topf eine Metallschüssel setzen, deren Rand mit dem Topfrand abschließt. Die Sahne-Eier-Mischung in diese Schüssel füllen und unter ständigem Rühren auf etwa 70 °C erhitzen. Sobald die gewünschte Temperatur erreicht ist, die Masse durch ein Sieb in einen Messbecher (mit Ausgießer) passieren und dann in ofenfeste Crème-brûlée-Schalen füllen.

Den Backofen auf 150 °C (Umluft) vorheizen. Eine ofenfeste Form mit Küchenpapier auslegen und die Crème-brûlée-Schalen daraufsetzen (das verhindert, dass sie in der Form verrutschen). Die Form etwa 2 cm hoch mit Wasser auffüllen.

Die Form mit den Crème-brûlée-Schalen vorsichtig in den Ofen schieben und die Masse 20–30 Minuten garen. Eine Schale leicht rütteln, um feststellen, ob die Crème schon fest und nicht mehr flüssig ist. Ist die Creme stabil, die Form aus dem Ofen nehmen. Die Crème-brûlée-Schalen herausheben, etwas abkühlen lassen und dann für etwa 2 Stunden kühl stellen.

LAUWARME BLAUBEERKÜCHLEIN

Blaubeerragout // Frühlingsrollenteig

Den Zucker in einem kleinen Topf hellgelb schmelzen lassen. Mit dem Portwein ablöschen und dann die Flüssigkeit um zwei Drittel reduzieren.

Die Speisestärke mit wenig kaltem Wasser anrühren. Den Portweinfond damit leicht binden. Blaubeeren dazugeben und alles einmal aufkochen lassen.

Das so entstandene Ragout in eine Schüssel umfüllen und mit Limettensaft und -schale abschmecken. Im Kühlschrank abkühlen lassen.

Für die Küchlein den Backofen auf 160 °C vorheizen. Die Butter in einem Topf schmelzen lassen. Die Crème-brûlée-Schalen mit einem Teil der flüssigen Butter ausstreichen, die Frühlingsrollenteig-Blätter mit einem weiteren Teil Butter bestreichen und mit der nicht bestrichenen Seite in die Crème-brûlée-Schalen legen. Die Teigränder überstehen lassen.

Ein Backblech mit Backpapier auslegen und die Hälfte der Toastbrotwürfel darauf verteilen. Die restliche flüssige Butter über die Toastbrotwürfel auf dem Blech träufeln und das Blech für 10 Minuten in den vorgeheizten Ofen schieben.

Die Blaubeeren waschen, ein paar für die Garnitur beiseitestellen. Die übrigen Beeren halbieren und in eine Schüssel geben. Die gebackenen und ungebackenen Toastbrotwürfel mit den Blaubeeren in der Schüssel vermischen, danach die Beeren-Brot-Mischung auf die ausgelegten Schalen verteilen.

Eigelbe und Zucker in einer Schüssel verquirlen. Gleichzeitig die Sahne in einem Topf kurz aufkochen lassen, die Schokolade hineingeben und so lange rühren, bis sie sich aufgelöst hat. Die Sahne-Schokolade unter Rühren über die Eigelb-Zucker-Mischung gießen und gut vermischen. Die entstandene Masse über die Toastbrot-Blaubeer-Mischung in die Formen gießen, bis diese etwa 0,5 cm unter dem Rand gefüllt sind.

BLAUBEERRAGOUT

40 g Zucker

100 ml roter Portwein

2 EL Speisestärke

200 g tiefgekühlte Blaubeeren

Saft von 1 Bio-Limette

abgeriebene Schale von ½ Bio-Limette

KÜCHLEIN

50 g Butter

4 Blätter Frühlingsrollenteig

10 Scheiben Toastbrot, von der Rinde befreit, gewürfelt

150 g frische Blaubeeren

2 Eigelb

1 EL Zucker

90 g Sahne

30 g weiße Schokolade

Puderzucker zum Bestreuen

Die Formen für 15 Minuten in den heißen Ofen schieben. Danach sollten die Küchlein goldgelb sein. Aus dem Ofen nehmen und 15 Minuten in den Formen auskühlen lassen. Mit Puderzucker bestreuen und mit dem Ragout und den beiseitegestellten Blaubeeren zusammen anrichten.

EXTRAS
4 Crème-brûlée-Schalen

GERÄUCHERTES VANILLEPARFAIT

Heiße Liebe 2.0

Dieses Parfait wird in einem Kugelgrill zubereitet. Dadurch entsteht das spezielle Raucharoma, das sich nicht mit anderen Mitteln erreichen lässt. Es gibt also ausnahmsweise keine Alternative zum Kugelgrill.

GERÄUCHERTES PARFAIT

300 g Sahne

60 g Eigelb

30 g Zucker

Mark von ½ Vanilleschote

60 g weiße Schokolade

1 Prise Salz

Crushed-Ice

50 g Räuchermehl

HIMBEERSAUCE

1 EL Honig

40 ml Weißwein

200 ml Himbeerpüree (alternativ: gut 300 g TK-Himbeeren pürieren)

abgeriebene Schale und Saft von ½ Bio-Zitrone

ANRICHTEN

frische Himbeeren (ersatzweise tiefgefrorene)

In einem Kugelgrill ein kleines Feuer entfachen. Sahne in eine breite Schüssel füllen und diese in eine zweite größere Schüssel stellen, die mit Crushed Ice gefüllt ist.

Sobald im Grill nur noch etwas Glut vorhanden ist, das Räuchermehl daraufstreuen. Die Schüsseln mit Crushed Ice und Sahne in den Grill stellen; den Deckel schließen. Die Sahne 2 Stunden räuchern. Inzwischen vier Portionsschalen für das Parfait in den Gefrierer stellen.

Die Schüsseln nach den 2 Stunden aus dem Grill nehmen, die Schüssel mit der Sahne kalt stellen. Eigelbe mit Zucker in einer Schüssel verrühren und über einem heißen Wasserbad aufschlagen, bis die Mischung cremig ist. Das Wasserbad beiseitestellen.

Die Schüssel mit der Creme auf Crushed Ice stellen und die Creme weiterschlagen, bis sie kalt ist. Das Vanillemark vorsichtig unterheben. Die Schokolade über dem Wasserbad schmelzen und gleichmäßig in die Creme laufen lassen; ebenfalls unterheben. Die geräucherte Sahne mit Salz mit dem Handrührgerät cremig schlagen. Erst eine Hälfte der Sahne in die Schokoladencreme rühren, dann die zweite Hälfte vorsichtig unterheben. Die Masse in die gekühlten Schalen füllen und etwa einen halben Tag einfrieren.

Für die Himbeersauce Honig und Weißwein in einem kleinen Topf bis auf zwei Drittel einkochen lassen. Das Himbeerpüree dazugeben und einmal mit aufkochen lassen. Vom Herd nehmen und die Sauce mit Zitronenschale und -saft abschmecken.

ANRICHTEN

Die Parfaitportionen mit Himbeeren garnieren. Die
heiße Himbeersauce auf das Parfait gießen.

5
EVENT

VON DER BAUSTELLE ZU
HÖCHSTEN EHREN –
MIT WOLKEN AM HIMMEL

Es war eine interessante Aufgabe, die mir die Agentur schilderte: In Kitzbühel sollte ein ganz neues Resort (80 Zimmer, davon 35 Suiten) eröffnet werden. Bisher gab es auf dem Gelände nur den 18-Loch-Golfplatz mit Clubgebäuden – ein Golfer-Bistro sowie einen großen Veranstaltungsraum, das sogenannte Atrium – doch auch diese sollten vollkommen erneuert werden. So viel wusste ich, bevor ich für ein erstes Gespräch nach Kitzbühel fuhr – und an einem kalten, ungemütlichen Apriltag auf einer Baustelle landete. Der F&B-Direktor Patric Neeser kam mir aus einem Baucontainer entgegen und führte mich herum. Damals brauchte man schon viel Fantasie, um sich vorstellen zu können, was da entstehen sollte. Aber gerade das war natürlich auch eine spannende Herausforderung. Beim Abendessen mit dem Hoteldirektor Ulrich Drewitz erfuhr ich dann, dass die Geldgeberin Elena Baturina war, eine russische Milliardärin und die Gattin des damaligen Moskauer Bürgermeisters. Für mich bedeutete das: Die Finanzierung ist gesichert! Obwohl man noch nicht viel sehen konnte, war ich vom Gesamt-Projekt ziemlich angetan und sagte schließlich zu.

GOURMETKÜCHE UND IMBISSWAGEN

In den nächsten Monaten wurden zwischen Berlin und Kitzbühel sehr viele Pläne für den Bau der Küche, die gesamte Ausstattung und die Zusammensetzung der Mitarbeiter hin- und hergeschickt. Doch als wir Ende Oktober 2008 nach Kitzbühel zogen, war zumindest das Hotel nicht wirklich sehr viel weiter gekommen. (Es eröffnete dann ein halbes Jahr später.) Das Gourmetrestaurant und das Golfer-Bistro waren jedoch tatsächlich fertig. Wir konnten also zum 1. November 2008 anfangen – mitten im Bau-Getümmel. Das war mal eine ganz neue Herausforderung: Die ersten Gäste des Petit Tirolia (so wurde das Gourmetrestaurant genannt) fuhren mit einem sauberen Wagen den Hügel hinauf und nach dem Essen mit einem völlig verschmutzten wieder hinunter. Für die Warenanlieferungen sind wir den ganzen Winter über mit einem kleinen Geländewagen der Greenkeeper nach unten an die Hauptstraße gefahren und haben die Waren eingeladen. Denn die LKW konnten die unbefestigte Straße nicht benutzen.

Auf der Baustelle arbeiteten bis zu 120 Arbeiter, die irgendwie verköstigt werden mussten. Als mich der Polier fragte, ob ich das nicht übernehmen könne, war ich zunächst ein wenig ratlos. Doch dann hatte ich die Idee, einen Imbisswagen zu kaufen. Aus diesem Wagen heraus konnten wir die Arbeiter mit allem versorgen, was sie so brauchten. Mit Brötchen, Würstl, Getränken und auch mal einem frischem Apfelstrudel und einer kräftigen Gulaschsuppe. Und natürlich auch Hot Dogs!

Der Imbisswagen hatte dann auch noch einen sehr glanzvollen Auftritt. Im Februar, während des Hahnenkamm-Rennens fand die Kitz&Glamour-Party statt – in den Räumlichkeiten des Golfclubs, inklusive Atrium. Natürlich gab es da noch immer eine Art Baugrube vor dem bereits fertiggestellten Teil des Parkhauses. Genau dort platzierten wir den Imbisswagen für einen besonders coolen Mitternachts-Snack: Curry-Wurst aus dem Imbisswagen unter einem Kronleuchter, den wir an einem Kran fixiert hatten. Der Stand wurde der absolute Hit. Leider haben wir kein Bild mehr davon.

EINE KNOBLAUCHSUPPE ALS KULINARISCHE PRÜFUNG

Zu dieser Zeit hatte ich auch meine erste Begegnung mit Frau Baturina, die allerdings beinahe dazu geführt hätte, dass ich meinen Job gleich wieder verlor: Ich sollte eine Knoblauchsuppe für sie zubereiten – und das tat ich so, wie sie mir selbst schmeckte. Doch Frau Baturina liebte Knoblauchsuppe klassisch dick und sämig und war von meiner ersten Interpretation wenig angetan. Nachdem ich verstanden hatte, um was es ihr ging, wurde das Ergebnis dann doch noch nach ihrem Geschmack. Erst einige Zeit später hörte ich, dass sie nach dem ersten Versuch angezweifelt hatte, ob „dieser Bräuer" überhaupt die richtige Entscheidung für das Hotel gewesen sei. Erfreulicherweise hat sie sich später eigentlich nie mehr in irgendetwas Kulinarisches eingemischt und der Frieden blieb gewahrt.

EINE SPANNENDE CHALLENGE, MIT UNERWARTETEN HINDERNISSEN

Trotz des etwas holprigen Anfangs haben gerade die ersten Jahre sehr viel Spaß gemacht, auch weil ich von Anfang an die Möglichkeit hatte, vieles mitbestimmen zu können. Das Hotel wurde wunderschön. Wir veranstalteten große, auch internationale Events wie den Laureus Media Award. Unvergessen sind für mich auch die Chef&Friends-Events unter der Schirmherrschaft von „Chef" Eckart Witzigmann, zu denen viele liebe Kollegen sowie fantastische Winzer aus Deutschland und Österreich kamen. Wir freuten uns über den wachsenden Zuspruch, gelang es uns doch offensichtlich unsere Gäste glücklich zu machen. Und ich schätzte ehrlich gesagt auch Dinge wie meinen Kräutergarten

Autofahren und Handy sind verboten – aber als Küchenchef muss man eben oft auch „Multi-Tasking" sein.

zwischen Küche und Abschlag, den riesigen Smoker auf der Terrasse und natürlich die Landschaft der Kitzbühler Alpen, die ich (noch heute) sehr liebe.

Doch leider zogen dann schon relativ bald die ersten Wolken am Himmel auf. Frau Baturina trennte sich nach etwa eineinhalb Jahren vom ersten Management. Es folgte eine ziemlich lange Zeit, in der sich die bestehenden Führungskräfte (vor allem die Finanzchefin, die stellvertretende Direktorin und ich) die Aufgaben teilten. Dazu kam von Frau Baturinas Hotel-Gesellschaft ab und zu jemand nach Kitzbühel, um die Fortschritte zu begutachten. Sie selbst war dann auch vor Ort, lebte aber schon in London. Im Nachhinein war diese Zeit nicht die schlechteste – übrigens auch, was die Entwicklung des Hotels anging. Und einige der Aufgaben, die ich damals übernehmen musste, haben mir für die Zukunft sehr geholfen. Doch was uns fehlte war ein Gastgeber, ein fester Ansprechpartner für die Gäste und auch für die Mitarbeiter.

WAS MICH ALLE PROBLEME VERGESSEN LIESS

Es war also etwas Sand im Getriebe, doch dann passierte etwas, das alles andere für mich erstmal unwichtig machte. Bei einem großen BBQ, das wir im Sommer 2012 veranstalten, kamen die Herausgeber des Gault Millau Österreich Martina und Karl Hohenlohe auf mich zu, baten um ein kurzes privates Gespräch und eröffneten mir, dass sie mich zum „Koch des Jahres" machen würden. Das war sicher einer der bewegendsten Momente in meiner Kochkarriere. So eine Auszeichnung bekommt man normalerweise nur einmal im Leben. Und dass ich als Deutscher in Österreich damit ausgezeichnet würde, damit hatte ich im Leben nicht gerechnet. Als ich meiner Frau davon erzählte, hatte ich Gänsehaut am ganzen Körper.
Zur offiziellen Verleihung richteten wir ein großes Fest aus, das eines der schönsten und ganz sicher eines der emotionalsten Events war, die wir je veranstalteten. Ich glaube, das habe nicht nur ich so empfunden, sondern mein ganzes Team – ohne das ein solcher Titel natürlich gar nicht möglich gewesen wäre.

Hans Reisetbauer, der berühmte Brenner Österreichs, war bei jedem unserer „Chef&Friends"-Events dabei. Und dieses Bild mit ihm mag ich, weil es zeigt: Nicht nur die Gäste hatten ihren Spaß!

NEUES MANAGEMENT, SCHLECHTE VORAHNUNG

Kurz vor dieser Feier war auch endlich ein neues Management eingesetzt worden, ein neuer Hoteldirektor war da – eigentlich sah alles ganz gut aus. Eigentlich. Nur dummerweise hörten wir kurz darauf über Umwege, natürlich nicht offiziell, dass bei Frau Baturina die tendenzielle Absicht bestand, langfristig nicht mehr auf Gourmetküche zu setzen – was mich doch ein wenig beunruhigte. Nicht so sehr, dass ich aktiv nach einer neuen Aufgabe suchte. Aber mir wurde bewusst, dass Kitzbühel vielleicht nicht meine letzte Station sein würde.

Um etwas vorzugreifen: Tatsächlich hat man später einen Nachfolger für mich gesucht, der auch sehr erfolgreich übernehmen konnte – bis ihm etwa eineinhalb Jahre später von einem Tag auf den anderen eröffnet wurde, man würde das Gourmetrestaurant nun schließen. Im Frühjahr 2018 hat Frau Baturina das gesamte Resort verkauft.

DER RUF DER HEIMAT

Mich jedenfalls erreichte an einem Wochenende ein Anruf von Alexej Oberoi, dem Geschäftsführer der Firma Käfer, der ein paar Wochen zuvor Gast im Grand Tirolia gewesen war. Er fragte mich, ob ich Interesse hätte, für Michael Käfer Küchendirektor der Gastronomie in der BMW Welt zu werden. Ehrlich gesagt, konnte ich mir darunter zunächst nicht viel vorstellen, denn ich kannte das Gebäude nur von außen. Doch als mich die Käfer-Geschäftsführer Alexej Oberoi und Gerry Barth einluden, mir vor Ort ein Bild zu machen, wurde mir schnell klar, welche Möglichkeiten dieses „Haus" eröffnete. Dazu kam noch die Option wieder nach Hause, nach München, zu kommen für eine Firma wie Käfer – das war schon sehr reizvoll.

Fotoshooting fürs Marketing:
Das Grand Tirolia stand damals vor allem für zwei Dinge: Den Golfplatz Eichenheim und unsere Kulinarik. Und das Ganze im modern-alpinen Look.

SALAT VOM GRÜNEN SPARGEL

Frisée // Kohlrabi // Senfkörnervinaigrette

Für die Vinaigrette die Senfkörner in leicht gesalzenem Wasser zweimal hintereinander kurz aufkochen lassen, in ein feines Sieb abgießen und kalt abbrausen. Anschließend die Körner mit dem Apfelsaft aufkochen; so lange reduzieren, bis die Flüssigkeit fast ganz verdampft ist. Die Reduktion mit Traubenkernöl, Cidre-Essig, Senf und Geflügelbrühe zu einer Vinaigrette verrühren. Mit Salz, Pfeffer und Zucker abschmecken.

Für den Salat die Enden von den Spargelstangen abschneiden und die Stangen im unteren Drittel schälen. Salzwasser zum Köcheln bringen und mit etwas Butter und Zucker würzen. Die Spargelstangen darin bissfest garen (bis sie sich über einer Gabel leicht biegen). Herausheben und in Eiswasser abschrecken. Die Spitzen abschneiden, den Rest in schräge etwa 1 cm dicke Scheiben schneiden.

Den Kohlrabi zunächst in etwa 0,5 cm dicke Scheiben schneiden. Diese dritteln und mit einem Teil der Vinaigrette bestreichen. Etwa 10 Minuten marinieren lassen. Tomaten in gleichmäßige Ecken schneiden, leicht salzen und zuckern. Friséesalat klein zupfen und mit der Hälfte der Vinaigrette marinieren.

ANRICHTEN

Den Friséesalat auf sechs Gläser verteilen. Tomatenecken und Spargelstückchen daraufgeben, dann Kohlrabi und Spargelspitzen dekorativ einstecken. Mit den Kräutern verzieren und mit der Senfkörnervinaigrette nappieren.

FÜR 6 PORTIONEN

VINAIGRETTE

1 EL Senfkörner

Salz

100 ml Apfelsaft

30 ml Traubenkernöl

20 ml Cidre-Essig

1 Messerspitze Dijonsenf

2 EL Geflügelbrühe

schwarzer Pfeffer aus der Mühle

Zucker

SALAT

10 Stangen grüner Spargel

Salz

Butter

Zucker

1 Kohlrabi, geschält (ca. 60–80 g)

je 1 gelbe und rote Tomate, vom Strunk befreit

1 Kopf Friséesalat, äußere Blätter entfernt

Blätter von 4 Stängeln Kerbel

Blätter von 2 Stängeln Dill

Blätter von 4 Stängeln Petersilie

ERBSEN-GAZPACHO

Grüne Tomaten // Gurke // Flusskrebsschwänze

114

FÜR 6 PORTIONEN

1 kg Erbsenschoten

Salz

1 grüne Paprikaschote, geviertelt, entkernt

1 Salatgurke, längs halbiert und entkernt

1 Schalotte, blättrig geschnitten

2 grüne Tomaten, geviertelt

3 EL Olivenöl

1 EL Champagneressig

2 Spritzer grüne Chilisauce

schwarzer Pfeffer aus der Mühle

Zucker

Blätter von 1 Stängel Minze

Blätter von 1 Stängel Petersilie

2 EL Sahne

etwas Zitronensaft

FERTIGSTELLEN

1 Scheibe Tramezzini

12 ausgelöste Flusskrebsschwänze

2 Blättchen Minze, in feinen Streifen

2 Veilchen (Onlinehandel; alternativ: Gänseblümchen)

6 Blätter Aphiliakresse (alternativ: Dillspitzen)

Am Vortag für die Gazpacho die Erbsen aus den Schoten pulen. 250 g davon abwiegen und in Salzwasser blanchieren. In Eiswasser abschrecken.

Paprikaviertel und Salatgurkenhälften in grobe Stücke schneiden. Mit Schalotte und Tomatenvierteln in einer Schüssel vermischen. Olivenöl, Champagneressig und Chilisauce unterrühren. Mit Salz, Pfeffer und Zucker abschmecken. Minze und Petersilie dazugeben, kurz verrühren und das Ganze zugedeckt im Kühlschrank 12 Stunden marinieren lassen.

Danach die Schüssel aus dem Kühlschrank nehmen und den Inhalt mit dem Stabmixer pürieren. Die Gazpacho durch ein feines Sieb in eine Schüssel passieren und mindestens 2 Stunden kalt stellen.

Die restlichen Erbsen ebenfalls in Salzwasser blanchieren, dann in Eiswasser abschrecken und mit Küchenpapier vorsichtig trocken tupfen. Die Hälfte der Erbsen als Einlage für die Gazpacho beiseitestellen. Die andere Hälfte mit der Sahne in einen kleinen Topf geben. Alles mit dem Stabmixer durchmixen und cremig einkochen lassen, dann pürieren und durch ein feines Sieb in eine Schüssel passieren. Mit Salz und Zitrone abschmecken und die Masse in eine Squeeze-Flasche füllen.

Alternativ zum Tramezzini kann man auch Toastbrotscheiben ohne Rinde nehmen. Doch Tramezzini sind wesentlich dünner – restliche Scheiben bieten sich beispielsweise prima für feine kleine Sandwiches zum Afternoon-Tea an.

FERTIGSTELLEN UND ANRICHTEN

Den Backofen auf 120 °C vorheizen. Das Tramezzini zwischen zwei Bogen Backpapier legen und mit einem Nudelholz dünn ausrollen. Anschließend in gleichmäßige Streifen schneiden. Diese auf ein Backblech zwischen Backpapier legen, mit einem weiteren Backblech beschweren und im vorgeheizten Ofen etwa 10 Minuten backen. Herausnehmen und abkühlen lassen. Die Gazpacho in sechs Gläser füllen. Die beiseitegestellten Erbsen und die Krebsschwänze darauf verteilen. Mit den Mlnzestreifen bestreuen.

Die Tramezzini-Streifen über die Gläser legen und das Erbsenpüree aus der Squeezeflasche aufpunkten. Mit Veilchenblütenblättern und Aphiliakresse dekorieren.

ZANDER AUS DEM SALZBURGER LAND

Belugalinsen // Speckschaum

Die Linsen 12 Stunden in Wasser einweichen. Anschließend in kochendem Salzwasser kurz blanchieren. Wasser abschütten; die Linsen mit lauwarmem Wasser gut abspülen und beiseitestellen. Die Butter in einem kleinen Bräter schmelzen lassen. Schalotten-, Karotten- und Selleriewürfel sowie Lauchscheiben darin etwa 4 Minuten anschwitzen. Tomatenmark untermischen. Die Linsen dazugeben und mit dem Balsamico ablöschen. Die Geflügelbrühe dazugießen, das Gemüse leicht nachsalzen und köcheln lassen, bis die Linsen noch bissfest sind. Vom Herd nehmen; beiseitestellen.

Für den Speckschaum in einer Sauteuse das Traubenkernöl erhitzen. Die Speckstreifen darin braten, bis das Fett austritt. Das Fett abgießen, die Speckstreifen in der Sauteuse belassen. Die Butter dazugeben und schmelzen lassen, Schalotten-, Champignon- und Knoblauchscheiben mit dem Thymian hinzufügen und anschwitzen. Alles mit Weißwein, Noilly Prat und Balsamico ablöschen; bei mittlerer Hitze reduzieren, bis keine Flüssigkeit mehr vorhanden ist. Anschließend den Fischfond angießen und das Ganze vollständig reduzieren.

Sahne und Crème fraîche unterrühren, alles kurz aufkochen lassen und den Speckschaum mit Salz, Zitronensaft und Cayennepfeffer abschmecken.

Durch ein feines Sieb in eine Schüssel passieren und beiseitestellen.

Die Kartoffeln in Salzwasser weich kochen; abgießen. Im Topf mit einer Gabel grob zerteilen und auskühlen lassen. In einer Pfanne das Öl erhitzen und die Kartoffelstücke darin goldgelb ausbacken. Herausheben, abtropfen lassen, salzen und mit der Hälfte des Schnittlauchs bestreuen. Möglichst warm stellen.

Nun die Zanderfilets braten. Dafür die Filets salzen; die Hautseiten mehlieren. In einer beschichteten Pfanne das Traubenkernöl erhitzen, die Fischfilets jeweils mit der Hautseite nach unten hineinlegen und bei mittlerer Hitze kross braten. Die Butter dazugeben und die Filets wenden. Mit dem Bratfett übergießen und mit dem Zitronensaft beträufeln. Die Filets aus der Pfanne nehmen und auf Küchenpapier legen.

FERTIGSTELLEN UND ANRICHTEN

Das Linsengemüse nochmals kurz erhitzen und im Bräter anrichten. Den Speckschaum aufkochen, mit dem Stabmixer aufschäumen und über das Gemüse verteilen. Nun die Zanderfilets auflegen. Die gebackenen Kartoffelstücke dekorativ anlegen und alles mit dem restlichen Schnittlauch bestreuen.

FÜR 6 PORTIONEN

LINSENGEMÜSE

100 g Belugalinsen

Salz, 30 g Butter

2 Schalotten, fein gewürfelt

40 g Karotte, fein gewürfelt

40 g Knollensellerie, fein gewürfelt

40 g Lauch, in feinen Streifen

1 TL Tomatenmark

2 EL weißer Balsamico

300 ml Geflügelbrühe

schwarzer Pfeffer aus der Mühle

SPECKSCHAUM

1 EL Traubenkernöl

2 Scheiben durchwachsener Bauchspeck, in Streifen

20 g Butter

2 Schalotten, in feinen Scheiben

2 Champignons, in feinen Scheiben

1 frische Knoblauchzehe, in feinen Scheiben

1 Zweig Thymian

50 ml Weißwein

50 ml Noilly Prat

2 EL alter Balsamico

30 ml Fischfond

20 g Sahne, 1 EL Crème fraîche

Salz, Saft von ½ Zitrone

1 Messerspitze Cayennepfeffer

GEBACKENE KARTOFFEL

3 mehligkochende Kartoffeln, gewaschen

Salz, 500 ml Öl

1 Bund Schnittlauch

ZANDER

6 Stücke Zanderfilet mit Haut (à ca. 80 g)

Salz, 1 EL Mehl

Traubenkernöl

1 EL Butter

Saft von ½ Zitrone

BRUST VOM BAUERNHENDL

Zucchini // Feigen // Pinienkerne

HENDL

3 Maishähnchenbrustfilets, mit Haut

Salz

schwarzer Pfeffer aus der Mühle

1 EL Mehl

Olivenöl

Butter

1 Zweig Rosmarin

GEMÜSE

Olivenöl zum Anbraten

je 1 gelbe und grüne Zucchini, in dicken Rauten

Salz

schwarzer Pfeffer aus der Mühle

Blättchen von 1 Zweig Thymian

1 Knoblauchzehe, angedrückt

100 ml Geflügel- oder Gemüsebrühe

20 g Butter

1 EL roter Portwein

1 EL Madeira

1 EL trockener Rotwein

300 ml Geflügeljus (dunkel)

ANRICHTEN

3 vollreife Feigen, in Achteln

2 EL Pinienkerne, geröstet

2 EL alter Balsamico (sirupartig)

Den Backofen auf 160 °C vorheizen. Hähnchenbrüste auf beiden Seiten salzen und pfeffern. Die Hautseiten leicht mehlieren. In einer ofentauglichen beschichteten Pfanne (oder einem ofenfesten Bräter) Olivenöl erwärmen und die Brüste jeweils mit den Hautseiten nach unten hineinlegen. Pfanne bzw. Bräter in den vorgeheizten Ofen schieben. Nach etwa 5 Minuten die Brustfilets mit dem Bratensaft übergießen und nach insgesamt 10 Minuten aus dem Ofen nehmen. Butter und Rosmarinzweig hinzufügen, die Brüste wenden und nochmals mit dem Bratensaft übergießen. Herausnehmen und warm stellen.

Für das Gemüse in einer beschichteten Pfanne das Olivenöl erhitzen. Die Zucchinirauten hineingeben und bei mittlerer Hitze anbraten, bis sie etwas Farbe angenommen haben. Salzen und pfeffern. Thymian und Knoblauchzehe hinzufügen und das Ganze mit der Geflügelbrühe ablöschen. Reduzieren lassen, bis alle Flüssigkeit verdampft ist. Anschließend die Butter in Stückchen einrühren, um das Gemüse zu glasieren. Nun Portwein, Madeira und Rotwein angießen und bei mittlerer Hitze sirupartig einkochen lassen. Geflügeljus angießen und alles ebenfalls um die Hälfte reduzieren lassen.

FERTIGSTELLEN UND ANRICHTEN

Eine Reine oder Servierplatte im Ofen anwärmen. Das Zucchinigemüse darauf verteilen. Die Hähnchenbrüste quer in Scheiben schneiden und auf dem Gemüse anrichten. Die Feigenviertel dekorativ anlegen. Mit Pinienkernen bestreuen und mit Balsamico beträufeln.

ST. MAURE

Tomatenmarmelade // Pesto // Honig

Für die Tomatenmarmelade die Tomatenwürfel in einem Topf mit Salz und Pfeffer würzen. Gelierzucker und Essig hinzufügen und alles bei mittlerer Hitze zu einer Marmelade einkochen. Währenddessen gelegentlich den Schaum abschöpfen. Die Masse mit einem Schneebesen durchrühren, bis sie glatt ist. Erkalten lassen, dann die Basilikumstreifen unterheben. In eine Squeeze-Flasche oder einen Tortenspritzer füllen.

Für das Pesto die Walnusskerne klein hacken. Mit Koriander, Pecorino und Olivenöl fein mixen. Mit Salz und Pfeffer abschmecken. Ebenfalls in eine Squeeze-Flasche oder einen Tortenspritzer füllen.

Für die Filoteigstücke den Backofen auf 160 °C vorheizen. Ein Filoteigblatt auslegen, mit flüssiger Butter bestreichen und mit Puderzucker bestäuben. Das zweite Teigblatt darüberlegen, ebenfalls mit Butter bestreichen und mit Puderzucker bestäuben. Ein Backblech mit Backpapier belegen. Die geschichteten Filoteigblätter daraufgeben, darüber ein zweites Backpapier legen und dieses beschweren (z. B. mit einem Backblech). Die Teigblätter etwa 20 Minuten backen. Aus den Ofen nehmen, abkühlen lassen und in sechs etwa gleich große Segmente brechen.

ANRICHTEN

Die St. Maure-Scheiben mit den Rucolablättern auf eine Servierplatte legen und mit etwas Akazienhonig beträufeln. Die beiden Saucen dekorativ in Tupfen auf die Platte spritzen und alles mit den Filoteigstücken garnieren.

FÜR 6 PORTIONEN

TOMATENMARMELADE

2 Tomaten, gehäutet und gewürfelt

Salz

schwarzer Pfeffer aus der Mühle

2 EL Gelierzucker 1:1

1 EL Champagneressig

2 Basilikumblätter, in feinen Streifen

PESTO

6 Walnusskernhälften, geröstet

Blätter von 1 kleinen Bund Koriander

1 EL fein geriebener Pecorino

100 ml Olivenöl

Salz

Pfeffer aus der Mühle

FILOTEIGSTÜCKE

2 Filoteigblätter

flüssige Butter zum Bestreichen

Puderzucker zum Bestäuben

ANRICHTEN

6 Scheiben St. Maure (ohne Asche), ca. 2 cm dick

1 Bund Rucola, geputzt

2 EL Akazienhonig

POLENTATARTE

Vanille-Mousseline // Himbeere

FÜR 6 PORTIONEN

POLENTATARTE

1 Eigelb

60 g Zucker

100 g weiche Butter

100 g Mandelgrieß

100 g Mehl

25 g Polenta

abgeriebene Schale von ½ Bio-Orange

VANILLE-MOUSSELINE

4 Eigelb

30 g Vanillecremepulver

60 g Zucker

250 ml Milch

50 g Butter

2 Vanilleschoten, aufgeschnitten,
Mark herausgekratzt

200 g Sahne

ANRICHTEN

300 g frische Himbeeren, geputzt
(keine TK-Ware, es ist ein Sommer-Dessert!)

Puderzucker zum Bestreuen

Für die Tarte den Backofen auf 180 °C vorheizen. Ein Backblech mit Backpapier belegen. In einer großen Schüssel das Eigelb mit dem Zucker vermischen. Alle anderen Zutaten hinzufügen und alles zu einem homogenen Teig kneten. In Frischhaltefolie wickeln und im Kühlschrank etwa 1 Stunde ruhen lassen.

Anschließend den Teig halbieren und beide Hälften jeweils zwischen zwei Backpapieren etwa ½ cm dick ausrollen. Mithilfe eines Tortenrings (30 cm Durchmesser) aus jeder Teighälfte einen Kreis ausstechen; diese mit einer Gabel mehrmals einstechen.

Die Teigkreise auf das Backblech legen und im Ofen 20–25 Minuten backen, bis der Teig leicht gebräunt ist. Die gebackenen Kreise aus dem Ofen nehmen und jeweils in 6 gleichgroße Tortenstücke schneiden (insgesamt also 12); auskühlen lassen.

Für die Vanille-Mousseline Eigelbe, Cremepulver und Zucker in einer Schüssel verrühren und in einen Topf geben. Die Milch mit der Butter, den Vanilleschoten und dem Mark in einem zweiten Topf aufkochen lassen. Die heiße Vanillemilch in die Eigelbcreme rühren und bei schwacher Hitze so lange mit dem Schneebesen schlagen, bis die Masse angedickt ist. Die Creme sofort durch ein feines Sieb passieren und 2–3 Stunden kalt stellen. Die Sahne steif schlagen und unter die gekühlte Creme ziehen.

ANRICHTEN

Die Creme auf 6 Tartebodenstücke verteilen, mit etwas Vanille-Mousseline bestreichen, dann mit den übrigen Tartestücken bedecken und diese mit Himbeeren belegen. Mit Puderzucker bestreuen und mit der übrigen Creme servieren.

IKARIMI-LACHS

Rote Bete // Meerrettichcreme

FÜR 6 PORTIONEN

24 Stunden vor dem Servieren die Lachs-Loins halbieren, auf beiden Seiten mit Zucker und Salz bestreuen und in eine Glasschale legen. Alle Marinade-Zutaten in einer Schüssel vermischen und die Marinade über den Fischfilets verteilen. Die Filets zugedeckt im Kühlschrank 12 Stunden marinieren, dann wenden und weitere 12 Stunden marinieren. Anschließend die Filets aus dem Kühlschrank nehmen, die Marinade abstreifen, die Filets mit Küchenpapier vorsichtig trocken tupfen und kalt stellen.

Für die Meerrettich-Creme die Crème fraîche in einer Schüssel aufschlagen, den Sahnemeerrettich unterheben und die Creme mit Salz und Zitronensaft abschmecken. Kalt stellen. Den Sauerrahm mit Salz und Zitrone abschmecken und in eine sehr kleine Squeeze-Flasche füllen.

Für die Ringelbete aus Traubenkernöl, Champagneressig, Salz und Zucker eine Marinade rühren. Die Betescheiben kreisförmig ausstechen und auf einen Teller geben. Mit der Marinade beträufeln und 3–4 Minuten ziehen lassen. Betescheiben aus der Marinade nehmen und trocken tupfen. Marinade aufbewahren.

ANRICHTEN

Die Lachs-Loins in gleichmäßige Tranchen schneiden und auf sechs Tellern anrichten. Von der Meerrettichcreme mit einem in warmes Wasser getauchten Löffel Nocken abnehmen und zum Lachs setzen. Die Ringelbete-Scheiben zur Hälfte einschneiden und aufdrehen. Chicorée und Endivie durch die übrige Ringelbete-Marinade ziehen und mit den Blutampferblättern dekorativ anlegen. Den Sauerrahm aufpunkten.

LACHS

250 g Lachs-Loins ohne Haut, entgrätet und pariert

Zucker und Salz zum Bestreuen

MARINADE

200 ml Rote-Bete-Saft

Blättchen von ½ Bund Dill, fein gehackt

Blätter von ½ Bund Koriander, fein gehackt

Schale von ½ Bio-Orange, in feinen Streifen

Schale von ½ Bio-Zitrone, in feinen Streifen

1 TL Kreuzkümmelsamen

1 TL weiße Pfefferkörner

1 TL Koriandersamen

1 TL Wacholderbeeren

¼ Knolle Rote Bete, in feinen Streifen

30 g Zucker

1 EL Olivenöl

MEERRETTICHCREME UND SAUERRAHM

100 g Crème fraîche

30 g Sahnemeerrettich

Salz, Zitronensaft

2 EL Sauerrahm

RINGELBETE

1 TL Traubenkernöl

1 TL Champagneressig

Salz, Zucker

1 Ringelbete, geschält, in feinen Scheiben

ANRICHTEN

8 Blutampferblätter

1 Chicorée, in Segmente geschnitten

das Innere von 1 Endiviensalat (Escarol)

KARTOFFELESSENZ

Steinpilze // Petersilienöl // Serranoschinken

FÜR 6 PORTIONEN

ESSENZ

1,5 l Rinderbrühe

300 g Wadschenkel (Hachse) zum Klären
(alternativ: Rinderschulter)

50 g Karotte, geschält

50 g Sellerie, geschält

50 g Lauch, geputzt

Salz

2 Eiweiß

3 weiße Zwiebeln, halbiert (nicht geschält)

3 mittelgroße festkochende Kartoffeln

Stängel von 1 Bund glatter Petersilie

3 Scheibe durchwachsener Bauchspeck

½ Bund Majoran

100 g Steinpilze (alternativ: Pfifferlinge),
geputzt

2 EL Sojasauce

PETERSILIENÖL

Blätter von 1 Bund glatter Petersilie,
grob gehackt

100 ml Traubenkernöl

SERRANO-SCHINKEN-CHIPS

6 Scheiben Serrano-Schinken,
hauchdünn aufgeschnitten

Die Rinderbrühe in einen großen Topf geben. Wadschenkel mit Karotte, Sellerie und Lauch durch den Fleischwolf drehen. Salz und Eiweiß untermischen. Die Masse in die Brühe geben und alles unter ständigem Rühren bei mittlerer Hitze zum Kochen bringen. Danach bei schwächster Hitze mindestens 30 Minuten simmern lassen.

Die ungeschälten Zwiebelhälften in einer beschichteten Pfanne auf einem Stück Alufolie bei mittlerer Hitze schwärzen. Herausnehmen und beiseitestellen.

Kartoffeln schälen. Von einer Kartoffel vier 2 cm dicke Scheiben schneiden. Diese gleichmäßig würfeln und in Wasser aufbewahren. Die übrigen Kartoffeln vierteln und etwa 15 Minuten in Wasser legen. (So wird die Stärke aus den Knollen gelöst und die Essenz bleibt klar.)

Petersilienstängel, geschwärzte Zwiebeln, Bauchspeck, Majoran, Pilze und gewässerte Kartoffeln in die Rinderessenz geben und etwa 1 Stunde ziehen lassen. Anschließend die Essenz durch ein Tuch in einen Topf passieren und mit Salz und Sojasauce abschmecken.

Für das Petersilienöl die Petersilie in einen kleinen Topf geben. Traubenkernöl dazugeben. Alles mit dem Stabmixer fein pürieren und auf ca. 60 °C erhitzen. Sobald diese Temperatur erreicht ist, die Mischung durch ein Passiertuch in eine kleine Schüssel tropfen lassen. Das so gewonnene Petersilienöl kalt stellen.

Für die Schinken-Chips den Backofen auf 160 °C vorheizen. Ein Backblech mit Backpapier belegen. Die Schinkenscheiben auf das Backblech legen. Mit einem Bogen Backpapier bedecken und diesen beschweren (z. B. mit einem weiteren Backblech). Die Schinkenscheiben in 20–25 Minuten knusprig backen. Aus dem Ofen nehmen und auf Küchenpapier abtropfen lassen.

ANRICHTEN

Die Kartoffelwürfelchen in Salzwasser weich kochen und abgießen. Auf sechs Tassen verteilen und die heiße Kartoffelessenz darauf füllen. Auf jede Portion ein paar Tropfen Petersilienöl geben und die Serano-Schinken-Chips anlegen.

Sie können natürlich auch gleich eine größere Menge Petersilienblätter und Traubenkernöl verarbeiten und somit einen kleinen Vorrat an Petersilienöl produzieren. Es lässt sich auch wunderbar für Salat-Dressings verwenden.

ANGELKABELJAU

Salatgurke // Sushi-Ingwer // Kashmir-Curry

FÜR 6 PORTIONEN

KABELJAU

Butter für die Reine

6 Stücke Kabeljaufilet, ohne Haut

Salz

2 Schalotten, in feinen Scheiben

2 Champignons, in feinen Scheiben
(alternativ: kleine Pfifferlinge)

½ Bio-Zitrone, in feinen Scheiben

1 Stängel Dill

100 ml Weißwein, 50 ml Noilly Prat

GURKENGEMÜSE

1 Salatgurke, 40 g Butter

1 Schalotte, fein gewürfelt

1 EL eingelegter Sushi-Ingwer, fein gehackt

Salz, Zucker

2 Messerspitzen Kashmir-Curry

½ TL gemahlene Kurkuma

200 ml Fischfond

Zitronensaft (nach Geschmack)

Blättchen von 2 Stängeln Dill, fein gehackt

KÜRBIS

300 g Muskatkürbis, geschält

40 g Butter, 50 ml Champagneressig

1 TL Salz, 1 TL Zucker

1 Stück Sternanis

5 Korianderkörner, 10 Senfkörner

1 Zweig Thymian

1 Aniskapsel, 1 Messerspitze Kreuzkümmel

3 Wacholderbeeren

Den Backofen auf 140 °C vorheizen. Eine Reine mit Butter ausreiben. Die Kabeljaufilets auf beiden Seiten salzen. Schalotten-, Champignon- und Zitronenscheiben gleichmäßig in der Reine verteilen; Dill und Kabeljaufilets darauflegen. Alles mit Weißwein und Noilly Prat angießen, in den vorgeheizten Ofen schieben und den Fisch in 10–15 Minuten glasig garen. Anschließend warm stellen.

Für das Gurkengemüse die Gurke schälen, längs halbieren und entkernen. Die Gurkenhälften in 3 cm breite Stücke schneiden. 10 g Butter in einer Kasserolle zerlassen und die Schalottenwürfel darin glasig dünsten. Gurkenstücke und Ingwer dazugeben. Alles mit Salz, Zucker, Curry und Kurkuma bestreuen und ca. 3 Minuten andünsten. Fischfond dazugießen und das Gemüse bei mittlerer Hitze bissfest dünsten. Anschließend die restliche Butter (30 g) untermischen (montieren). Gurkengemüse mit Zitronensaft abschmecken und mit dem Dill bestreuen.

Aus dem Kürbis 6 große (ca. 3 cm Durchmesser) Kugeln stechen. Das restliche Kürbisfleisch in Stücke schneiden. Die Hälfte der Butter in einer Kasserolle zerlassen und die Kürbisstücke darin etwa 5 Minuten dünsten, dann mit 200 ml Wasser und dem Champagneressig ablöschen. Salz und Zucker sowie Sternanis, Koriander, Senf, Thymian, Anis, Kreuzkümmel und Wacholderbeeren hinzufügen. Das Ganze etwa 10 Minuten lang simmern lassen. Anschließend den Kürbis-Würz-Fond durch ein Sieb in ein einen kleineren Topf passieren. Topf auf den Herd stellen, Kürbiskugeln hineingeben und etwa 5 Minuten darin köcheln lassen; herausnehmen. Den Fond so lange reduzieren, bis er sirupartig ist. Die restliche Butter (20 g) einarbeiten (montieren). Die Kürbiskugeln in den Fond geben und glasieren.

ANRICHTEN

Das Gurkengemüse in einer Reine anrichten, die warm gestellten Kabeljaufilets mit den Pilzen darauf anrichten und die Kürbiskugeln dazu drapieren.

Den Backofen auf 160 °C vorheizen. Die Reh-Ober-schalen auf beiden Seiten salzen und pfeffern. In einer ofenfesten beschichteten Pfanne Olivenöl erwärmen und die Oberschalen darin auf beiden Seiten 2–3 Minu-ten bei mittlerer Hitze anbraten. Danach Thymian, Ros-marin, Knoblauch und Wacholderbeeren dazugeben.

Die Pfanne in den Ofen stellen und das Fleisch 6–8 Mi-nuten garen, anschließend mit dem Bratensaft übergie-ßen und wenden. Etwas Butter in die Pfanne geben und das Fleisch weitere 8 Minuten garen. Aus dem Ofen nehmen, das Fleisch aus der Pfanne nehmen und warm stellen. Die Pfanne mit allen Aromaten beiseitestellen.

REHKEULE

Maronen // Kerbelknolle // Kartoffelpüree

Für das Gemüse ein Backblech mit dem groben Meersalz bedecken, die Schalotten ungeschält darauflegen und im heißen Ofen in etwa 40 Minuten weich garen; danach schälen. Die Maronen aus der Packung nehmen und vorsichtig voneinander trennen. Karotten und Kerbelknollen in Salzwasser blanchieren und in Eiswasser abschrecken. Beiseitestellen.

Für das Kartoffelpüree die Kartoffeln schälen und vierteln. In Salzwasser weich kochen. Durch die Presse drücken. 30 g Butter in Stückchen einarbeiten, die Kartoffelmasse mit der Milch glatt rühren und durch ein feines Sieb in einen kleinen Topf passieren. In einer kleinen Pfanne die restliche Butter (10 g) aufschäumen und das Kartoffelpüree damit verfeinern.

Für die Sauce die Speckstreifen in einer Sauteuse in etwas Olivenöl braten, bis das Fett austritt. Schalotten- und Champignonscheiben dazugeben und mit angehen lassen. Butter hinzufügen und alles hell andünsten. Preiselbeeren, Rosmarin, Thymian und Wacholderbeeren untermischen. Alles mit Portwein und Madeira ablöschen und vollständig reduzieren lassen, dann die Wildjus angießen und ca. 10 Minuten bei schwacher Hitze simmern lassen. Die Sauce durch ein feines Sieb in einen Topf passieren. Die vorgegarten Gemüse und Maronen hineingeben. Mit Petersilie bestreuen.

FERTIGSTELLEN UND ANRICHTEN

Die beiseitegestellte Pfanne mit den Aromaten erwärmen. Das Fleisch darin bei mittlerer Hitze kurz nachbraten, aus der Pfanne nehmen und anschließend in gleichmäßige Tranchen schneiden. Gemüse und Wildsauce in einer Reine anrichten. Die Rehscheiben auflegen. Das Kartoffelpüree dazu servieren.

FÜR 6 PORTIONEN

REH

2 Oberschalen von der Rehkeule, pariert

Salz, schwarzer Pfeffer aus der Mühle

Olivenöl zum Anbraten

1 Zweig Thymian

1 Zweig Rosmarin

1 angedrückte Knoblauchzehe

5 Wacholderbeeren, angedrückt

Butter

GEMÜSE

100 g grobes Meersalz

6 Schalotten

250 g vorgegarte Maronen, vakuumiert

Salz

2 Karotten, in schrägen Stücken

3 Kerbelknollen, in schrägen Segmenten

KARTOFFELPÜREE

2 mehligkochende Kartoffeln

Salz, 40 g Butter

150 ml warme Milch

WILDSAUCE

1 Scheibe durchwachsener Bauchspeck, in feinen Streifen

Olivenöl

1 Schalotte, in feinen Scheiben

2 Champignons, in feinen Scheiben

Butter, 1 EL eingelegte Preiselbeeren

1 Zweig Thymian

3 Wacholderbeeren, angedrückt

50 ml Portwein, 50 ml Madeira

300 ml Wildjus

Blätter von 2 Stängeln Petersilie, fein gehackt

VACHARIN MONT D'OR

Speck-Brioche // Grappa-Kartoffeln

Das Mehl mit Salz und Zucker in eine Rührschüssel geben. Die Hefe in der lauwarmen Milch auflösen, in die Schüssel zum Mehl geben und mit den Knethaken des Handrührgeräts oder der Küchenmaschine auf niedriger Stufe unterrühren. Zuerst die Butter stückchenweise, dann (bei höherer Stufe) das Ei und zwei Eigelbe unterarbeiten. Die Masse so lange weiter schlagen, bis ein homogener Teig entstanden ist, der leichte Blasen wirft.

Den Teig aus der Rührschüssel nehmen, in eine andere (saubere) Schüssel geben und mit Mehl bestäuben. Die Schüssel abdecken, an einen warmen Ort stellen und den Teig etwa um das Doppelte aufgehen lassen. Danach aus der Schüssel nehmen und auf der Arbeitsfläche zusammenschlagen.

In einer beschichteten Pfanne die Speckwürfel auslassen. Vom Herd nehmen, das Fett abgießen und den

Speck auf Küchenpapier abtropfen und auskühlen lassen, dann mit dem gehackten Kümmel in den Teig arbeiten.

2 kleine längliche Backformen ausbuttern und mehlieren. Den Teig halbieren, zu zwei Rollen formen und in die Backformen legen.

Jeweils mit einem Tuch bedecken und den Teig nochmals an einem warmen Ort um das Doppelte aufgehen lassen.

Inzwischen den Backofen auf 180 °C vorheizen. Das dritte Eigelb mit 30 ml Wasser verquirlen und die Teigrollen damit bestreichen. Die Speck-Brioche 20–25 Minuten backen. Danach die Formen aus dem Ofen nehmen, die Brioches sofort aus den Formen stürzen und abkühlen lassen. Anschließend in Scheiben schneiden. Den Ofen auf 80 °C abkühlen lassen (siehe unten).

In einem kleinen Topf Wasser mit Salz und Kümmel zum Kochen bringen, die Kartoffeln darin bissfest garen. Anschließend schälen und vierteln.

In einer Pfanne die Butter erwärmen. Die Kartoffelviertel kurz darin schwenken, dann mit dem Grappa ablöschen. Kartoffeln aus der Pfanne nehmen, auf einem Tuch abtropfen lassen und dann auf die Spanschachteln verteilen.

Die oberste Schicht des Vacharin abnehmen und den weichen Käse auf die Schachteln verteilen. Die Schachteln auf ein Backblech stellen, mit den Deckeln bedecken, in den 80 °C warmen Ofen schieben und in 5–7 Minuten schmelzen lassen.

ANRICHTEN

Die Speckbrioche-Scheiben kurz auf dem Toaster rösten und an die Spanschachteln legen. Sofort servieren.

FÜR 6 PORTIONEN

SPECK-BRIOCHE

250 g Mehl, mehr zum Arbeiten und für die Formen

1 TL Salz

1 EL Zucker

10 g frische Hefe

50 ml lauwarme Milch

125 g Butter (Zimmertemperatur), mehr für die Formen

1 Ei

3 Eigelb

50 g Südtiroler Speck, fein gewürfelt

1 TL Kümmelsaat, frisch gehackt

GRAPPA-KARTOFFELN

Salz

Kümmelsamen

3 La-Ratte-Kartoffeln (französische Hörnchenkartoffeln)

1 TL Butter

1 EL Grappa

1 Schachtel Vacharin (ca. 500 g)

EXTRAS

2 kleine lange Backformen
6 kleine Spanschachteln mit Deckel
(Bekommt man im Onlinehandel; alternativ kann man kleine Porzellanschüsseln verwenden.)

HENRY HÖFER
Mein Küchenchef im Event –
was täte ich ohne dich!

GEEISTES QUITTENSÜPPCHEN

Sekt // Zimt // Apfelsorbet

FÜR 6 PORTIONEN

QUITTENSÜPPCHEN

3 Quitten, geputzt

3 EL Honig

½ EL Zucker

1 Vanilleschote

1 Stück Sternanis

½ Zimtstange

2 Gewürznelken

1,5 l trockener Sekt

1 Messerspitze Pektin mit 1 TL Zucker vermischt

APFELCHIPS

2 EL Zucker

½ Granny-Smith-Apfel, in hauchdünnen Scheiben (nicht schälen!)

APFELSORBET

300 g Apfelpüree

100 ml Apfelsaft

25 g Läuterzucker

10 g Fruktose

GARNITUR

Apple Blossom (Onlinehandel) oder violette Veilchen

Apfelchips

Beginnen Sie mit der Vorbereitung für dieses kalte süße Süppchen 5 Tage vor dem Servieren:
Die Quitten müssen 2 Tage fermentieren, und danach muss die Suppe dreimal 12 Stunden bzw.
über Nacht ziehen. Die Apfelscheiben trocknen in 12 Stunden im Ofen.

Für das Süppchen die Quitten in große Stücke schneiden. In eine Schüssel geben, diese mit einem feuchten Tuch bedecken und die Quitten bei Zimmertemperatur 2 Tage fermentieren lassen. Sie verfärben sich, wodurch der Sud später schön bernsteinfarben wird.

Honig und Zucker in einer großen Sauteuse zu einem hellen Karamell kochen. Vanilleschote längs aufschneiden und das Mark herauskratzen. Die fermentierten Quittenstücke mit Vanilleschote und -mark sowie Sternanis, Zimtstange und Nelken zum Karamell geben und alles mit dem Sekt begießen. Alles kurz aufkochen lassen, entstehenden Schaum abschöpfen und das Ganze bei schwacher Hitze etwa 20 Minuten simmern lassen. Anschließend den Topf vom Herd nehmen und die Flüssigkeit 12 Stunden auskühlen lassen. Diesen Vorgang zwei Mal wiederholen.

Danach die Pektin-Zucker-Mischung einrühren, den Fond nochmals aufkochen lassen und dann durch ein feines Sieb in eine Schüssel passieren. Eventuell mit Honig nachsüßen und kalt stellen, bis die Flüssigkeit komplett durchgekühlt ist.

Für die Apfelchips den Backofen auf 50 °C vorheizen. 2 EL Wasser mit dem Zucker aufkochen und erkalten lassen. Ein Backblech mit Backpapier belegen. Die Apfelscheiben durch den Zuckersirup Sirup ziehen, auf das Backpapier legen und im warmen Ofen in etwa 12 Stunden trocknen lassen.

Für das Apfelsorbet alle Zutaten mischen. Die Masse in eine Sorbetière füllen gefrieren lassen. Ohne Sorbetière das Sorbet wie ein Granité zubereiten: Dafür die Masse in einer flachen Metallschale ins Tiefkühlgerät stellen und alle 30 Minuten die angefrorene Masse vom Rand zur Mitte mit einer Gabel abkratzen und durchschlagen.

ANRICHTEN

Das geeiste Quittensüppchen in Schalen gießen. Das Sorbet in Nocken hineingeben, die Apfelchips dekorativ anlegen und alles mit den Blüten verzieren.

ESSZIMMER

WIEDER ZU HAUSE

Nach fast 13 Jahren ging es also wieder zurück nach Hause. Und dennoch war es eine Art Neuanfang. Natürlich hatte ich mit den Beteiligten schon im Jahr davor (so viel Zeit verging zwischen meiner Zusage und dem ersten Arbeitstag) an meinen freien Tagen und in meinem Urlaub viel mit dieser neuen Aufgabe zu tun gehabt. Wieder ging es um Budget, Konzepte, Mitarbeiter. Und als ich dann im Herbst 2012 vor Ort anfing, bin ich quasi durch die BMW-Welt gewandert: Immer wenn ein Outlet fertig war, habe ich zusammen mit dem jeweiligen Team losgelegt. Zuerst im CooperS, dann einen Stock höher im Biker's und in der Bavarie, im Event-Bereich und schließlich im Februar 2012 im EssZimmer.

Dabei sind wir alle oft ins kalte Wasser geschubst worden, denn die BMW-Welt stand ja nicht still, während wir (gemeinsam mit BMW, die sich als tolle Partner herausstellten) umstrukturierten und neu konzipierten.
Ich erinnere mich noch gut. Die Bavarie war gerade einen Tag offen, als „Fünf Jahre BMW-Welt" gefeiert wurde. Das wusste ich natürlich. Aber als ich auf dem Weg zur Arbeit im Radio einen Spot hörte, in dem es hieß: „Fünf Jahre BMW-Welt, kommen Sie zu uns.", da dachte ich nur: „Wenn das mal gut geht." Dazu muss man für Nicht-Münchner sagen: Schon an normalen Tagen ist dieser Ort nicht gerade leer. Die BMW-Welt gehört zu den am meisten besuchten touristischen Zielen Bayerns. Na ja, es ging damals gut und inzwischen sehen wir solchen Herausforderungen sehr selbstbewusst entgegen.

Wie schon gesagt, ein Outlet nach dem anderen ging mit unserem Konzept an den Start. Dabei war es wichtig, immer gute Qualität zu zeigen, denn, was ja auch Thema dieses Buches ist: Man kann auf jedem Niveau gut kochen. Natürlich gibt es für unterschiedliche Konzeptionen unterschiedliche Budgets, auch was die Preisgestaltung für den Kunden angeht. Doch schmecken sollte es schon überall.

WENN'S NICHT KLAPPT, MACH ICH NUR NOCH SCHNITZEL

Der größte öffentliche Fokus lag natürlich bei der Eröffnung des EssZimmers.
Als die Erscheinung des ersten für uns relevanten Guide Michelin anstand, war ich furchtbar nervös. Zwar hatten uns die von Gault Millau verliehenen 18 Punkte zwei Wochen zuvor sehr gefreut, aber nun ging es eben um den zweiten wichtigen Führer. Und auch wenn es keine Verpflichtungen von Seiten Michael Käfers oder BMW gab, wollte ich natürlich diesen Stern haben. Am Tag der Veröffentlichung hatte ich zu meinem Küchenchef Philip Rümmele gesagt: „Ich gehe jetzt in die Bavarie runter und brate Schnitzel. Und wenn der Stern nicht kommt, dann bleib' ich gleich unten." Um 12.00 Uhr wurden die Ergebnisse des Guide Michelin veröffentlicht, um zwei nach zwölf hat er mich wieder nach oben geholt. BMW verschickte damals eine Pressemeldung „Ein Stern für BMW". Das war sicher der erste Stern über den sich BMW in ihren Reihen freute.

Als dann im zweiten Jahr gleich der zweite Stern dazu kam, war das unbeschreiblich. Wir hatten es schon in der Nacht vor der offiziellen Veröffentlichung gehört, weil ein Online-Medium sich nicht an die Sperre von Michelin gehalten hatte. Ich war nicht undankbar – das war für das ganze Team eine ganz außergewöhnliche Nacht.

EIN STARKES TEAM

Als mein Küchenchef Philip Rümmele nach zwei Jahren seinen Weg gehen wollte, war das mehr als verständlich. Damals stellte ich keinen neuen Küchenchef ein, sondern beschloss, mit zwei Souschefs zu arbeiten. Die anderen Outlets waren zu diesem Zeitpunkt – und sind es natürlich noch – mit guten Küchenchefs besetzt, ich konnte mich wieder aktiver ums EssZimmer kümmern. Philip Jaeger war dabei eine wertvolle Stütze. Nach zwei Jahren im EssZimmer übernahm er die Küchenleitung der Bavarie. Und er macht es wunderbar –

15 Punkte im Gault Millau sind perfekt für eine Brasserie wie die Bavarie. Dass Frank Glueer vom Gault Millau zum „Sommelier des Jahres" gewählt wurde, ist zwar sein persönlicher Verdienst, aber auch eine große Anerkennung des gesamten Service-Teams im EssZimmer. Ich kann das wirklich nicht oft genug betonen. Nicht umsonst gehen Wertungen wie Punkte, Sterne oder Hauben nicht an den Küchenchef sondern an das Restaurant. Natürlich gibt einer die Linie vor, trägt einer die Verantwortung, ist vielleicht auch kreativer Kopf, aber ohne engagierte Mitarbeiter in der gesamten Mannschaft funktioniert gar nichts. Und zum Team gehören auch alle Verantwortlichen bei Käfer, inklusive natürlich Michael und Clarissa Käfer, die uns immer das Gefühl geben, dass sie stolz auf uns sind.

UNENDLICHE MÖGLICHKEITEN IM „AUTOHAUS"

Ich habe ja geschrieben, dass ich schon bei meinem ersten Rundgang erkannte, dass die BMW-Welt viele Möglichkeiten für Kulinarik bietet. Heute weiß ich: Sie sind unendlich. Wir hatten große Veranstaltungen wie den Witzigmann-Preis, den Rolling Pin Award oder 25 Jahre Gault Millau. Wir waren aber auch Teil von „100 Jahre BMW" und der großen BMW-Präsentation 2018, bei der nicht nur alle Besucher, sondern auch alle Mitarbeiter ihre Handys abgeben mussten, und wir am Gala-Abend für 300 Besucher gekocht haben.

Im Sommer veranstalten wir regelmäßig wunderschöne BBQs in der Bavarie, bei schönem Wetter auf der Terrasse vor dem großen Smoker. Die BMW-Welt ist uns dabei auch ein guter Partner, was keine Selbstverständlichkeit ist. Denn es ist eine wirtschaftliche Partnerschaft, kein Sponsoring, wie viele denken, bei der auch die Zahlen stimmen müssen. Die Firma Käfer ist schließlich ganz normaler Pächter. Aber es ist eine konstruktive Partnerschaft. Und weil es eben auch um Wirtschaftlichkeit geht, kümmere ich mich um alle Outlets, denn alle sind entscheidend, um ein wirtschaftlich positives Gesamtergebnis zu erhalten.

Deswegen sind 18 Gault-Millau-Punkte und zwei Michelin-Sterne, genauso wie alle anderen Auszeichnungen, wichtig. Aber noch wichtiger sind die Gäste und ihre Zufriedenheit. Deshalb sind wir stolz, dass wir im EssZimmer so viele liebe Stammgäste haben. Und wir freuen uns, wenn der bekannte Schweizer Gourmet-Kritiker David Schnapp schreibt: „Vermutlich isst man weltweit in keinem Autohaus besser als im „EssZimmer" in der Münchner BMW-Welt."

oben: An diesem Tag wurde der Vertrag unterschrieben.
v.l.n.r.: Gerhard Barth (GF Käfer), Michael Käfer, ich, Thomas Muderlak (BMW)
Mitte: Kultfigur Friedrich Liechtenstein zu Besuch im EssZimmer.

Mein (fast) größtes Glück: Von April bis Anfang November in unserem Schrebergarten werkeln, das bringt Entspannung – und tolles Obst und Gemüse!

APERO EINS

Gebackener Hecht // Frühlingsrolle // Entenessenz // Matjes von der Chiemseerenke

GEBACKENER HECHT MIT SAVORA-SENF

HECHT

20 g Tempuramehl

1 EL Mineralwasser

10 g Crushed Ice

Salz

1 EL Mayonnaise

1 TL Savora-Senf

Zitronensaft zum Abschmecken

20 g grätenfreies Hechtfilet

Öl zum Ausbacken

Tempuramehl mit Mineralwasser und Crushed Ice zu einer glatten Masse verrühren, leicht salzen. Die Mayonnaise mit dem Savora-Senf vermischen; mit Salz und Zitrone abschmecken.

Das Hechtfilet in 4 gleich große Stückchen schneiden. Diese mit einer Gabel in die Tempuramehlmasse tauchen, herausheben und abtropfen lassen. Salzen und in einer kleinen Pfanne in 180 °C heißem Fett goldgelb ausbacken.

Aus dem Fett nehmen, gut abtropfen lassen und mit der Senf-Mayonnaise auf einem Stein (natürlich können Sie auch einen kleinen Teller verwenden) anrichten.

FRÜHLINGSROLLE MIT AVOCADO

½ Avocado, geschält und entkernt

Salz, 1 TL Zitronensaft

2 TL Olivenöl

20 g Fruchtfleisch von 1 grünen Mango, 5 mm groß gewürfelt

Zucker, 1 Ei, 1 TL Butter, zerlassen

je 20 g gelbe und rote Paprikaschote, fein gewürfelt

1 Reispapierblatt (ca. 22 cm Ø), in Wasser eingeweicht

ANRICHTEN

4 Paprika-Tropfen (sehr kleine Paprika; Asialaden)

4 kleine Mangowürfel (je 5 mm) von der grünen Mango

5 Sesamkimchi (Asialaden)

4 Tropfen dunkler Reisessig

Die halbe Avocado der Länge nach in vier gleichmäßige Streifen schneiden, zwei davon beiseitestellen. Die anderen beiden Streifen würfeln und im Mixer mit Salz, Zitronensaft und Olivenöl zu einer homogenen Creme mixen. Die Mangowürfelchen leicht salzen und zuckern und etwa 10 Minuten stehen lassen. Anschließend mit Küchenpapier trocken tupfen.

Das Ei aufschlagen, salzen und mit der zerlassenen Butter in einer beschichteten Pfanne unter vorsichtigem Wenden (ähnlich wie bei einem Omelett) luftig stocken lassen. Auskühlen lassen.

Anschließend die Mango- und Paprikawürfelchen unter dieses Omelett mengen.

Das Reispapier aus dem Wasser nehmen, auf ein Küchentuch legen und ganz kurz antrocknen lassen. Die beiseitegestellten Avocadostreifen auf das Reispapier setzen, dann das Gemüse-Omelett daraufgeben und andrücken. Mithilfe des Küchentuches das Reispapier vorsichtig aufrollen und die Rolle anschließend fest in Frischhaltefolie wickeln. Etwa 30 Minuten kalt stellen, anschließend behutsam aus der Folie lösen und in 4 gleichmäßige Stücke schneiden.

Jeweils 1 Stück Frühlingsrolle auf einen Löffel setzen. Mit Avocadocreme, Paprika-Tropfen, Mangowürfeln und Sesamkimchi garnieren, den Essig antropfen.

ENTENESSENZ MIT KARAMELLISIERTEM INGWER

500 g Entenkarkasse, fein gehackt (Geflügelhandel, am besten vorbestellen)

Öl zum Rösten der Karkassen

je 30 g Schalotte, Karotte, Stangensellerie und Lauch, fein gewürfelt

1 EL Tomatenmark

1 EL Madras-Currypulver

100 ml Weißwein, 50 ml Noilly Prat

10 g karamellisierte Ingwerwürfel

3 Kaffirlimettenblätter

1 Stange Zitronengras

½ Bund Koriandergrün

1 Knoblauchzehe

20 g Putenbrust, durch den Fleischwolf gedreht

2 Eiweiß, leicht verquirlt

Salz, ein paar Tropfen Olivenöl

In einem großen Topf die Entenkarkassen in Öl bei mittlerer Hitze hellbraun rösten. Schalotten- und Gemüsewürfelchen hinzufügen und kurz mitrösten. Tomatenmark unterrühren, dann alles mit dem Curry bestäuben und verrühren. Mit Weißwein und Noilly Prat ablöschen und reduzieren. Karamellisierte Ingwerwürfel, Kaffirlimettenblätter, Zitronengras, Koriandergrün und Knoblauch dazugeben. Die Karkassenmischung vollständig mit Wasser bedecken. Alles zum Kochen bringen, abschäumen und etwa 1 Stunde simmern lassen. Den Fond durch ein feines Sieb in einen anderen Topf passieren und kalt stellen.

Die durchgedrehte Putenbrust mit dem Eiweiß vermengen, leicht salzen und in den abgekühlten Fond geben. Alles unter ständigem Rühren zum Kochen bringen, dann die Hitze reduzieren und das Ganze nochmals 1 Stunde (bei schwächster Hitze) offen ziehen lassen. Anschließend die Essenz durch ein Tuch passieren und mit Olivenöl tropfenweise verfeinern. Die Essenz auf Shot-Gläser verteilen und servieren.

MATJES VON DER CHIEMSEERENKE, WASABI UND RADIESCHEN

2 Vollkorn-Knäckebrotscheiben

40 g Renkenfilet nach Matjes-Art

1 Radieschen, fein gewürfelt

2 TL Crème fraîche, leicht aufgeschlagen

¼ TL Wasabipaste

Salz und Zitronensaft zum Abschmecken

Fliegenfisch-Kaviar zum Garnieren (ca. 10 g)

Die Knäckebrotscheiben in 4 gleich große Stücke brechen. Das Renkenfilet in 4 gleich große Stückchen schneiden und auf die Knäckebrotstücke setzen. Die Radieschenwürfel anlegen.
Crème fraîche mit Wasabipaste verrühren; mit Salz und Zitronensaft abschmecken. Dekorativ auf die Fischstückchen setzen. Mit Kaviar garnieren.

> Ich verwende für dieses kleine Gericht immer Renkenfilet nach Matjes-Art von der Fischerei Lex auf der Fraueninsel. Dieses kann man dort auch online bestellen (www.chiemseefische.de). Natürlich kann man für dieses Rezept auch normale Matjesfilet verwenden, doch der Renkenmatjes ist ein wenig feiner im Geschmack.

147

APERO ZWEI

Petersilien-Lollis // Herzsalat // Brunnenkressesuppe // Wachtelei

Bereiten Sie als erstes die Lollis zu, denn die werden gefroren serviert. Da manch einer gerne auch mehr als einen Lolli isst, sollten Sie gleich die doppelte Menge (also 8 Stück) zubereiten.

LOLLI VON GESCHMORTER PETERSILIE UND SESAM

1 EL Olivenöl

abgezupfte Blätter von 1 Bund glatter Petersilie

Salz

100 ml Geflügelbrühe

1 Blatt Gelatine

Zitronensaft nach Geschmack

1 EL weißer Sesamsamen

Den Backofen auf 160 °C vorheizen. In einem ofenfesten mittelgroßen Topf mit passendem Deckel das Olivenöl erhitzen. Petersilienblätter dazugeben und 2 Messerspitzen Salz unterrühren. Den offenen Topf in den vorgeheizten Ofen schieben und die Petersilie etwa 10 Minuten schmoren lassen. Anschließend die Geflügelbrühe hinzufügen und den Topf verschließen.

Die Backofentemperatur auf 170 °C erhöhen und die Petersilie im Ofen in 45 Minuten weich garen. Den Topf aus dem Ofen nehmen, auf den Herd stellen und die Petersilie bei mittlerer Hitze so lange reduzieren, bis die Flüssigkeit komplett eingekocht ist.

Die Gelatine in Wasser einweichen, herausnehmen und ausdrücken. Die heiße Petersilienmischung mit der Gelatine in einen kleinen Mixer geben und zu einer homogenen Masse mixen. Diese mit Salz und Zitronensaft abschmecken.

Nun die Masse auf Backpapier verstreichen (ca. 3 mm dick) und mit einer Ausstechform vier Kreise ausstechen. Diese vorsichtig auf einen flachen Teller legen, mit Sesam bestreuen, die Cake-Pop-Stäbchen hineindrücken und die Lollis sofort gefrieren lassen.

EXTRAS

4 Cake-Pop-Stäbchen, eine kleine Ausstechform (ca. 3 cm Durchmesser)

HERZSALAT MIT PFIFFERLINGEN UND PARMESAN

100 g gepökeltes, gekochtes Kalbsherz (beim Metzger vorbestellen)

je 10 g Karotte und Knollensellerie, fein gewürfelt

10 g Lauch, in feine Ringe geschnitten

1 TL Champagneressig

1 EL Traubenkernöl

Salz, Pfeffer aus der Mühle

20 kleine Pfifferlinge, geputzt

½ Schalotte, fein gewürfelt

Butter zum Braten

4 Parmesanscheiben (ca. 3 x 3 cm)

¼ Scheibe Pumpernickel, fein zerbröselt

Das Kalbsherz in kleine Würfel schneiden. Karotten, Knollensellerie und Lauch blanchieren und mit den Fleischwürfeln vermischen. Champagneressig und Traubenkernöl untermischen und den Salat mit Salz und Pfeffer abschmecken. Auf vier Schälchen verteilen. Die Pfifferlinge mit den Schalottenwürfeln in einer kleinen Pfanne in Butter bei mittlerer Hitze angehen lassen, mit Salz abschmecken. Die Pfifferlinge auf die Salatportionen verteilen. Je ein Parmesanscheibchen darauflegen und alles mit den Pumpernickelbröseln bestreuen.

GEBACKENES WACHTELEI MIT SAIBLINGSKAVIAR

2 Wachteleier

Salz

1 EL Crème fraîche

1 TL Wasabicreme

1 Eiweiß

30 g Mie de pain (Toast- oder Weißbrot ohne Rinde, im Mixer fein gemahlen)

1 TL Saiblingskaviar

Fett zum Frittieren

Die Wachteleier in Salzwasser 2,5 Minuten kochen, anschließend sofort in Eiswasser abschrecken und dann schälen. Die Crème fraîche mit der Wasabicreme mit einem kleinen Schneebesen aufschlagen.

Das Mie de pain in einen sehr kleinen Teller geben. Das Eiweiß in einem zweiten kleinen Teller leicht anschlagen. Die Wachteleier zuerst durch das Eiweiß ziehen und dann einmal im Mie de Pain wälzen.

Das Frittierfett in einer kleinen Pfanne auf 180 °C erhitzen. Die Eier darin goldgelb backen. Aus dem Fett nehmen, gut abtropfen lassen, halbieren und auf vier kleinen Tellern verteilen. Den Saiblingskaviar anlegen und die Wasabi-Crème-fraîche in kleinen Punkten dazu dekorieren.

BRUNNENKRESSE-SAMTSUPPE

½ Bund Brunnenkresse

Salz

40 g weiche Butter

2 Schalotten, in feinen Scheiben

2 Champignons, in feinen Scheiben

½ rohe Kartoffel, klein gewürfelt

50 ml Weißwein

50 ml Noilly Prat

200 ml Geflügelbrühe

50 g Sahne

Zitronensaft

Cayennepfeffer

Die Brunnenkresseblätter von den Stielen zupfen (Stiele aufbewahren!) und in Salzwasser in ca. 30 Sekunden weich kochen. Anschließend sofort in Eiswasser abschrecken. Aus dem Eiswasser nehmen und in einem Küchentuch vorsichtig ausdrücken. Die Blätter in einer kleinen Schüssel mit 20 g Butter vermischen und mit dem Stabmixer zu einer homogenen Paste pürieren. Beiseitestellen.

Schalotten und Champignons in einer Pfanne mit relativ hohem Rand in der restlichen Butter (20 g) angehen lassen. Die Kartoffelwürfel dazugeben und bei mittlerer Hitze alles zusammen weitere 4 Minuten angehen lassen. Anschließend mit Weißwein und Noilly Prat ablöschen und bei mittlerer Hitze reduzieren lassen, bis die Flüssigkeit vollständig reduziert ist, dann die Geflügelbrühe dazugießen und das Ganze nochmals um die Hälfte reduzieren.

Die Sahne angießen und alles einmal kurz aufkochen lassen. Nun die Brunnenkressestiele dazugeben und etwa 5 Minuten bei mittlerer Hitze ziehen lassen. Danach die Mischung durch ein feines Sieb in einen Topf passieren und die Suppe mit Salz, Zitronensaft und Cayennepfeffer abschmecken. Zum Schluss die Brunnenkressepaste mit dem Stabmixer unterrühren.

BROTPRÄSENTATION

Nussbutter // Zucchini-Ricotta-Creme // Focaccia // Sardisches Fladenbrot

GEKLÄRTE BUTTER MIT ALPENBLÜTEN

100 g Süßrahmbutter

1 Handvoll getrocknete Alpenblüten (im Sommer alternativ: Gänseblümchen, Veilchen oder Kornblumenblüten)

Einwegpassiertücher sollten aus Vlies, also leicht verrottbar sein. Der Kauf lohnt sich, ich kann in meiner Küche ohne solche Passiertücher nicht arbeiten.

12 Stunden vor der Brotpräsentation die Butter in einem kleinen Topf bei mittlerer Hitze schmelzen und so lange köcheln lassen, bis sie sich geklärt hat, das heißt, bis sich Fett (geklärte Butter) und Eiweißmolke getrennt haben. Die gesamte Flüssigkeit durch ein Tuch passieren. Die im Tuch verbliebene Molke in eine kleine Schüssel geben und anschließend im Deyhdrator oder im 50 °C warmen Ofen bei halboffener Tür ca. 12 Stunden lang trocknen lassen. Beiseitestellen.

Die geklärte Butter (also die abgetropfte Flüssigkeit) in die Silpatförmchen füllen und kalt stellen; anschließend aus den Förmchen in Schälchen stürzen.

Kurz vor dem Servieren die geklärte Butter mit der getrockneten Molke und den Alpenblüten bestreuen.

EXTRAS
(Einweg-)Passiertuch, 4 Silpatförmchen

ZUCCHINI-RICOTTA-CREME

1 Zucchini (ca. 150 g)

grobes Meersalz zum Vorwürzen der Zucchini

je 1 Zweig Thymian und Rosmarin

½ Knoblauchzehe, angedrückt

50 ml Olivenöl

50 g Büffelricotta

2 EL Doppelrahmfrischkäse

1 TL körniger Frischkäse

Salz, 1–2 Spritzer Zitronensaft

ca. 15 Pinienkerne

Gartenkresse zum Bestreuen

Den Backofen auf 160 °C vorheizen. Die Zucchini mit grobem Meersalz einreiben und auf ein Backblech geben. Thymian- und Rosmarinzweig sowie Knoblauch auf der Zucchini verteilen. Die Zucchini im vorgeheizten Ofen in etwa 40 Minuten weich schmoren.

Die Zucchini aus dem Ofen nehmen, Kräuter und Knoblauch entfernen und die Zucchini im Mixer pürieren. Das Püree in einem Tuch (auch hier eignet sich ein Passiertuch) abtropfen lassen, dann kurz kalt stellen.

Das erkaltete Püree mit Büffelricotta sowie Doppelrahm- und körnigem Frischkäse vermengen. Die Masse mit etwas Salz und Zitronensaft abschmecken. Die Pinienkerne in einer kleinen Pfanne kurz anrösten.

Zum Servieren vier gleichmäßige Nocken aus der Creme stechen, diese auf Schälchen anrichten und mit Gartenkresse und den gerösteten Pinienkernen bestreuen.

FOCCACIA (ERGIBT 4 BROTE)

1 mehligkochende Kartoffel (ca. 100 g), geschält und grob gewürfelt

Salz

200 ml lauwarme Milch

20 g frische Hefe

1 EL Olivenöl

500 g Weizenmehl

1 kleines Bund Rucola, gehackt

30 g Sonnenblumenkerne

EXTRAS
4 Tortenringe (Durchmesser je ca. 15 cm), Butter, Mehl und Öl für Tortenringe und Backblech

Die Kartoffelwürfel in leicht gesalzenem Wasser weich kochen, herausnehmen und durch eine Kartoffelpresse drücken. 100 ml vom Kochwasser aufbewahren und auf 35 °C abkühlen lassen. Hefe in der lauwarmen Milch auflösen, 1 Prise Salz, Olivenöl sowie das abgekühlt Kochwasser dazugeben.

Nach und nach das Mehl, dann den Rucola und die Sonnenblumenkerne unter die Hefemischung heben. Alles zu einem homogenen Teig verarbeiten. Die Schüssel abdecken und den Teig an einem warmen Platz gehen lassen, bis er etwa auf das Doppelte aufgegangen ist.

Die Tortenringe buttern und mehlieren und auf ein geöltes Backblech stellen. Den Teig aus der Schüssel nehmen, einmal kurz durchkneten, in vier Portionen teilen und die Tortenringe damit füllen.

Den Teig in den Ringen an einem warmen Ort nochmal auf das Doppelte aufgehen lassen. Inzwischen den Backofen auf 220 °C vorheizen. Anschließend den aufgegangenen Teig in den Tortenringen in den vorgeheizten Ofen stellen und 10 Minuten anbacken. Danach die Backofentemperatur auf 180 °C reduzieren und die Brote weitere 10 Minuten backen. Die Laibe aus dem Ofen nehmen, kurz ruhen lassen und möglichst noch warm servieren (siehe unten).

SARDISCHES FLADENBROT

2 Scheiben vorgebackenes sardisches Fladenbrot (italienischer Feinkosthandel)

Olivenöl zum Beträufeln

Nadeln von 1 Zweig Rosmarin, gehackt

Paprikapulver zum Bestreuen

Den Backofen auf 180 °C (Oberhitze) vorheizen. Das Fladenbrot mit Olivenöl beträufeln, mit Rosmarin und 1 Prise Paprikapulver bestreuen. Anschließend im vorgeheizten Ofen in ca. 3 Minuten goldgelb backen und in gleichmäßige Stücke brechen.

FERTIGSTELLEN UND ANRICHTEN

Jede Focaccia auf einem Teller in sechs gleichmäßige Tortenstücke schneiden, die gebrochenen Scheiben des Sardischen Fladenbrots dazwischen stecken.

Die Zucchini-Ricotta-Creme-Nocken und die Nussbutter in Schälchen dazustellen.

AMUSE GUEULE 1

Gelbflossenmakrele // Aubergine // Zitronenthymian

MAKRELENTATAR

40 g Filet von der Gelbflossenmakrele

1 TL Salz

1 TL Zucker

Zesten von ¼ Bio-Limette und ¼ Bio-Orange

1 Stange Zitronengras, fein geschnitten

1 Kaffirlimettenblatt, fein geschnitten

Blätter von je 2 Stängeln Dill, Koriander und glatter Petersilie, gehackt

etwas Olivenöl

Fleur de Sel

Am Vortag das Makrelenfilet auf beiden Seiten mit Salz und Zucker einreiben. Zesten, Zitronengras, Kaffirlimettenblatt und Kräuter zu einer trockenen Beize vermischen. Das Filet damit bedecken (nicht einreiben!) und in Frischhaltefolie zu einem Päckchen einschlagen. 24 Stunden im Kühlschrank marinieren.

Am nächsten Tag das Päckchen aus dem Kühlschrank nehmen, die Beize entfernen, das Filet in dünne Scheiben und dann in sehr feine Würfel schneiden. Mit Olivenöl und Fleur de Sel abschmecken; das Makrelentatar in die Metallringe drücken.

EXTRAS
4 Metallringe (je ca. 5 cm Durchmesser)

AUBERGINENTATAR

1 kleine runde Aubergine (ca. 120 g)

Salz, Olivenöl

100 g grobes Meersalz

1 Schalotte, fein gewürfelt

1 TL Madras-Currypulver

1 Spritzer grüner Tabasco

Saft von ½ Zitrone, Zucker

schwarzer Pfeffer aus der Mühle

Den Backofen auf 170 °C vorheizen. Die Aubergine mit einem scharfen Messer mit etwa sechs Längsschnitten 1 cm tief einritzen und die Spalten salzen, dann großzügig mit Olivenöl bestreichen. Das grobe Meersalz auf einem Blech ausbreiten und die Aubergine darauf im heißen Ofen in ca. 1 Stunde weich garen. Anschließend die Aubergine schälen und das Fruchtfleisch mit einem Messerrücken zu einem sehr feinen Tatar hacken.

Die Schalottenwürfel in Olivenöl glasig dünsten und das Auberginentatar dazugeben. Alles mit Currypulver bestreuen und bei mittlerer Hitze trocken kochen lassen. Das Ganze mit Tabasco, Zitronensaft, Salz, Zucker und Pfeffer abschmecken. Die Masse abkühlen lassen und anschließend auf das Makrelentatar in die Ringe streichen.

ZITRONENTHYMIANSUD

1,2 l Geflügelbrühe

20 g Fenchel, fein gewürfelt

20 g Lauch, fein gewürfelt

20 g Stangensellerie, fein gewürfelt

1 Eiweiß, leicht verquirlt

Salz

2 Zweige Zitronenthymian

Die Brühe in einen Topf füllen. Gemüsewürfelchen mit Eiweiß vermischen, leicht salzen und zur Brühe geben. Alles unter Rühren zum Kochen bringen. Anschließend die Hitze reduzieren und den Zitronenthymian hinzufügen. Etwa 30 Minuten bei schwächster Hitze leicht köcheln lassen, durch ein Tuch passieren und auf Raumtemperatur abkühlen lassen. Abschmecken.

TOMATENMARMELADE

2 vollreife Tomaten, gehäutet

20 g Gelierzucker

Champagneressig

Die Tomaten achteln, salzen und zusammen mit Gelierzucker und Essig bei mittlerer Hitze kochen lassen, bis eine marmeladenartige Konsistenz entsteht. Währenddessen immer wieder mit einem Schneebesen rühren, damit eine glatte Masse entsteht.

FERTIGSTELLEN UND ANRICHTEN

20 g Parmesan, fein gehobelt (für Parmesanchips)

1 EL Arganöl

Parmesanchips herstellen: Den Backofen auf 160 °C vorheizen. Ein Backblech mit Backpapier belegen und die Parmesanspäne in vier Kreisen daraufstreuen. Im heißen Ofen schmelzen lassen, bis sie fast flüssig sind. Aus dem Ofen nehmen und die Parmesanchips vorsichtig vom Papier lösen und abkühlen lassen.

Zum Anrichten pro Portion einen Ring mit Makrelen- und Auberginentatar auf der Mitte eines Tellers platzieren und anschließend abziehen. Den Zitronenthymiansud angießen, ein paar Tropfen Arganöl dazugeben (nicht vermischen), einen Parmesanchip anlegen und die Tomatenmarmelade in gleichmäßig großen Nocken drapieren.

AMUSE GUEULE 2

Ochsenfetzensemmel auf unsere Art

BAYERISCH KRAUT

½ EL Zucker

1 EL Speck, fein gewürfelt

½ EL feine Schalottenwürfel

1 EL Apfelessig

100 g Weißkrautblätter (ohne Strunk), in Rauten

ganzer Kümmel

Salz, Pfeffer aus der Mühle

100 ml Sekt

Den Backofen auf 160 °C vorheizen. Den Zucker in einem ofentauglichen Topf zu einem hellen Karamell kochen lassen. Speck und Schalotten dazugeben und angehen lassen. Alles mit dem Apfelessig ablöschen und reduzieren lassen. Das Kraut dazugeben; mit Kümmel, Salz und Pfeffer abschmecken. Den Sekt angießen, den Topf mit dem Deckel schließen und das Kraut im vorgeheizten Ofen etwa 45 Minuten garen. Topf aus dem Ofen nehmen und das Kraut so lange auf dem Herd kochen lassen, bis keine Flüssigkeit mehr vorhanden ist. Nochmals abschmecken.

GEL

100 ml kräftige Rinderbrühe

1 Spritzer alter Balsamico

1,5 g Agar Agar

Essig

Salz

Die Rinderbrühe mit Balsamico abschmecken, aufkochen lassen und mit Agar Agar binden. Abkühlen lassen und anschließend kurz aufmixen. In eine Squeeze-Flasche füllen.

KOPFSALATHERZ MIT DRESSING

1 kleine mehligkochende Kartoffel (ca. 50 g), gekocht

100 ml Rinderbrühe

1 EL Traubenkernöl

etwas Champagneressig

Salz

frisch geriebene Muskatnuss

Zucker

1 Kopfsalatherz

Die gekochte Kartoffel durch ein feines Sieb in eine kleine Schale passieren. Rinderbrühe, Traubenkernöl, Champagneressig und Gewürze hinzufügen und alles zu einer homogenen Vinaigrette verrühren. Die Vinaigrette durch ein Sieb passieren und nochmals abschmecken. Kurz vor dem Anrichten, das Kopfsalatherz mit dem Dressing marinieren.

MEERRETTICHPERLEN

(Achtung: nur für Stickstoffprofis!)

1 EL Crème fraîche

1 EL Sahne

1 TL Sahnemeerrettich

Salz

Zitronensaft

Stickstoff

Crème fraîche und Sahne verrühren. Mit dem Sahnemeerrettich, Salz und Zitronensaft abschmecken. In eine Squeeze-Flasche füllen und in den Stickstoff eintropfen. Mit einer Schaumkelle herausnehmen und in einer Schale im Tiefkühler aufbewahren.

Stickstoff-Alternative: Hantieren Sie nicht mit Stickstoff, wenn Sie dies noch nie gemacht haben – damit kann man sich ziemlich böse verbrennen. Verwenden Sie statt der mit Stickstoff hergestellten Meerrettichperlen dann einfach Sahnemeerrettich, den Sie in kleinen Tupfen anrichten.

OCHSENBRUST

4 dünne Scheiben gekochte Ochsenbrust (ca. 60 g; alternativ gekochter Tafelspitz), vom Fett befreit

Mehl zum Mehlieren

Butter zum Braten

Die Ochsenbrustscheiben mehlieren. In einer Pfanne Butter aufschäumen lassen und die Fleischscheiben darin knusprig braten.

PERLZWIEBELN

1 TL Zucker

1 Spritzer Zitronensaft

100 ml Rotwein

50 ml roter Portwein

4 Perlzwiebeln, geschält

Zucker mit Zitrone in einer kleinen Pfanne zu einem hellen Karamell kochen. Dieses mit Rotwein und Portwein ablöschen. Die Perlzwiebeln hinzufügen und alles etwa 5 Minuten kochen lassen – die Zwiebelchen sollen noch Biss haben.

Die Perlzwiebeln schmecken so gut, dass es sich lohnt, gleich ein ganzes Glas davon zuzubereiten. Die Zutaten entsprechend multiplizieren.

FERTIGSTELLEN UND ANRICHTEN

4 glatte Petersilienblätter

½ gelbe Tomate, in 4 Spalten geschnitten

1 Cornichon, in 4 Scheiben geschnitten

4 Scheiben Speck-Brioche (ersatzweise getoastetes Bauernbrot), einseitig getoastet

Das marinierte Kopfsalatherz in vier Stücke schneiden. Die Ochsenbrustscheiben auf vier Teller legen. Das Bayerisch Kraut darauf verteilen und mit den Petersilienblättern garnieren. Jeweils eine Perlzwiebel, eine Tomatenspalte, eine Cornichon-Scheibe und ein Stück Kopfsalatherz anlegen. Eine Briochescheibe dazulegen und die Meerrettichperlen aufstreuen bzw. die Sahnemeerrettichtupfer verteilen. Mit ein paar Tupfen des Gels aus der Squeeze-Flasche dekorieren.

TASCHENKREBS

Rindersattel // Spargel // Imperial Kaviar

GERASPELTES EIGELB

50 g grobes Meersalz

1 Eigelb

Am Vortag die Hälfte des Meersalzes auf einen Teller geben und eine leichte Mulde eindrücken. Das Eigelb in die Mulde geben und mit dem restlichen Meersalz bedecken. In den Kühlschrank stellen und darin 24 Stunden beizen. Durch das Salz wird das Eigelb fest. Am nächsten Tag das Meersalz entfernen und das gebeizte Eigelb auf einem Teller in den Tiefkühler geben. Erst kurz vor dem Anrichten herausnehmen.

TASCHENKREBSFÜLLUNG, RINDERSATTEL

2 Taschenkrebse (à ca. 1 kg)

1 EL Mayonnaise

je 2 cm Lauch, Karotte, Selleriestange, fein gewürfelt und blanchiert

Salz

Pfeffer aus der Mühle

4 Scheiben vom Rindersattel (ca. 200 g), pariert

Für die Taschenkrebsfüllung in einem Topf, der so groß ist, dass die Taschenkrebse gut hineinpassen, Wasser zum Kochen bringen. Die Taschenkrebse hineingeben und ca. 5 Minuten leicht köcheln lassen. Anschließend herausnehmen und in Eiswasser abschrecken. Das Krebsfleisch ausbrechen und mit einer Gabel zerrupfen. In einer Schale mit der Mayonnaise und den blanchierten Gemüsewürfeln vermischen. Mit Salz und Pfeffer abschmecken.

Die Scheiben des Rindersattels mit dem Boden einer Stielkasserolle leicht plattieren (flach klopfen). Jede Scheibe rechteckig zuschneiden, mit der Taschenkrebsmasse belegen und aufrollen. Kalt stellen.

SPARGEL

8 grüne Spargelstangen

8 weiße Spargelstangen (außerhalb der Spargelzeit grünen Spargel nehmen)

Salz

1 Schalotte, in feinen Scheiben

100 ml Geflügelbrühe

50 g Crème fraîche

1 Blatt Gelatine

Zitronensaft

Eiswasser (Wasser mit Eiswürfeln) zum Abschrecken

Vom grünen und weißen Spargel die Köpfe gerade abschneiden; die „geköpften" Stangen aufheben. Alle Spargelköpfe in kochendes Salzwasser geben und 1,5 Minuten kochen lassen, dann abgießen und abschrecken. Die weißen Spargelstangen ohne Köpfe mit den Schalottenscheiben in Butter andünsten und anschließend mit Geflügelbrühe ablöschen. Alles reduzieren, bis die ganze Flüssigkeit verdunstet ist, dann die Crème fraîche unterrühren. Die grünen Stangen zum Anrichten beiseitelegen.

Die Gelatine in kaltem Wasser einweichen. Die weiße Spargelmischung zu einer homogenen Masse mixen, durch ein feines Sieb passieren und mit Salz und Zitronensaft abschmecken. Die Gelatine ausdrücken und in heißem Wasser auflösen. Die Hälfte der Spargelcreme mit der Gelatine binden, die andere Hälfe als Sauce beiseitestellen.

CASSIS-GEL

100 ml Cassismark (Bioladen)

exakt 1,4 g Agar Agar (ca. 1 Messerspitze)

Cassismark mit dem Agar Agar aufkochen lassen. Für 1 Stunde in den Kühlschrank stellen und anschließend mit dem Stabmixer cremig rühren.

GELEEWÜRFEL

1 Blatt Gelatine

50 ml trockener Sekt

1 TL Estragonpüree (fein gemixte Blättchen)

Gelatine in Wasser einweichen.

Sekt erwärmen, zuerst das Estragonpüree einrühren und dann die Gelatine in der Mischung auflösen. Ebenfalls 1 Stunde kalt stellen. Herausnehmen und in gleichmäßige Würfel schneiden (2 cm).

KOPFSALAT-EIS

100 g Sahne

1 Kopfsalatherz, in feinen Streifen

1 Eigelb

Prise Zucker

Salz

1 Spritzer Zitronensaft

Die Sahne aufkochen lassen, mit dem Eigelb binden und die Kopfsalatstreifen mit dem Schneebesen untermischen. Die Masse durch ein feines Sieb passieren, mit Salz, Zitronensaft und Zucker abschmecken und in kleine Silikonförmchen (Durchmesser ca. 3 cm) gießen. Die Förmchen in den Gefrierschrank stellen und anschließend stürzen.

PUMPERNICKEL-ERDE

1 Scheibe Pumpernickel

½ Schalotte, fein gewürfelt

5 Halme Schnittlauch, in feinen Ringe

1 EL Traubenkernöl

1 TL alter Balsamico

Salz

schwarzer Pfeffer aus der Mühle

Die Pumpernickelscheibe durch ein grobes Sieb drücken oder sehr fein zerhacken. Die so entstandenen Brösel mit den Schalottenwürfeln und den Schnittlauchringen vermengen. Die Mischung mit Traubenkernöl und altem Balsamico anmachen, mit Salz und Pfeffer abschmecken.

FERTIGSTELLEN UND ANRICHTEN

12 g (4 TL) Imperial Kaviar

Die Rindersattel-Taschenkrebs-Röllchen auf Tellern anrichten, die weißen und grünen Spargelspitzen aufsetzen. Den grünen Spargel in Streifen schneiden und mit der weißen Spargelcreme füllen. Die Sauce angießen. Die Pumpernickel-Erde danebenstreuen. Estragongeleewürfel und Kopfsalat-Eis anlegen und Cassispunkte aufspritzen. Das gebeizte Eigelb aus dem Tiefkühler nehmen und mit einer feinen Reibe über das Gericht raspeln und alles mit Imperial Kaviar garnieren.

BRESSE-HUHN

Getreide // Buttermilch // Mairübchen

SÜSSSAURES GEMÜSE

2 EL Zucker

2 EL Champagneressig

1 TL Honig

1 Zweig Thymian

1 Sternanis

1 Kardamomkapsel

2 Wacholderbeeren

10 Koriandersamen

2 Mispeln, in Ecken geschnitten

2 Mairübchen, in Ecken geschnitten

1 Eiszapfen (alternativ 2 Radieschen),
in Ecken geschnitten

Das Gemüse 24 Stunden vor der Zubereitung einlegen. Für den Sud den Zucker in einer kleinen Pfanne karamellisieren lassen und mit dem Champagneressig ablöschen. Dann Honig, 100 ml Wasser, Thymianzweig, Sternanis und Kardamomkapsel sowie Wacholderbeeren und Koriandersamen dazugeben. Alles etwa 5 Minuten bei mittlerer Hitze köcheln lassen, durch ein Sieb passieren und abkühlen lassen.

Den Sud über die Mispel-, Rübchen- und Eiszapfen-Ecken gießen und das Gemüse 24 Stunden marinieren lassen. Anschließend das Gemüse aus der Marinade nehmen. Die Marinade entsorgen.

MÜSLIRIEGEL

2 gehäufte EL Haferflocken

1 gehäufte EL Getreideflakes

¼ getrocknete Feige, grob gehackt

½ getrocknete Aprikose, grob gehackt

5 Rosinen, grob gehackt

1 TL gehackte Haselnusskerne

1 TL gemahlene, geschälte Mandeln

2 TL Honig

Alle Zutaten gründlich vermischen und in einer kleinen Kasserolle bei mittlerer Hitze 5 Minuten zu einer homogenen Masse verrühren. Diese Masse auf ein Backpapier streichen, mit einem zweiten Backpapier bedecken und mit einem Nudelholz zu einer etwa 0,5 cm dicken Schicht ausrollen. Mit dem Backpapier für etwa 1 Stunde kalt stellen. Aus dem Kühlschrank nehmen und in gleichmäßige Rechtecke (8 x 3 cm) schneiden.

Die Müsliriegel schmecken richtig gut. Bereiten Sie doch gleich die doppelte oder dreifache Menge für den Vorrat zu. Die angegebenen Mengen reichen für 4 Stück (je 8 x 3 cm).

BRESSE-HUHN

1 ganze Brust vom Bresse-Huhn (ca. 200 g) mit Haut

Salz

schwarzer Pfeffer aus der Mühle

EXTRAS

2 Silpat-Backmatten

Von der Bresse-Huhn-Brust die Haut vorsichtig ablösen und beiseitelegen. Ein 60 °C warmes Wasserbad vorbereiten. Den Backofen auf 150 °C vorheizen.

Die Hühnerbrust salzen und pfeffern, dann vakuumieren und im Wasserbad 12–13 Minuten garen. (Falls Sie kein Vakuumiergerät haben, bitten Sie Ihren Metzger, das Fleisch zu vakuumieren.) Anschließend aus dem Wasser heben, die Brust aus dem Vakuumierbeutel nehmen und ruhen lassen.

Von der beiseitegelegten Haut das Fett abschaben. Die Haut zwischen zwei Silpat-Backmatten beschweren (z. B. mit einem ofenfesten Topf) und im vorgeheizten Ofen in ca. 35 Minuten knusprig backen. Aus dem Ofen nehmen und trocknen lassen.

BUTTERMILCHMOUSSE

½ Blatt Gelatine

100 ml Buttermilch

Salz

Zitronensaft

2 EL geschlagene Sahne

Die Gelatine in Wasser einweichen, herausnehmen und ausdrücken. Die Buttermilch in einem kleinen Topf lauwarm werden lassen. Die Gelatine darin auflösen und mit Salz und Zitronensaft abschmecken. Zum Schluss die geschlagene Sahne unterheben und die Masse in den Kühlschrank stellen.

SAUERAMPFERSAUCE

20 Blätter Sauerampfer

250 ml Buttermilch

Salz

Saft von ½ Zitrone

Die Sauerampferblätter fein mixen und anschließend durch ein feines Sieb passieren. Buttermilch und Sauerampferpüree vermischen, mit Salz und Zitronensaft abschmecken.

JOHANNISBEERPERLEN

(Achtung: nur für Stickstoffprofis!)

½ Blatt Gelatine

100 ml Johannisbeerpüree

1 TL Sahne

1 TL Crème fraîche

1 Prise Salz

Stickstoff

Die Gelatine in Wasser einweichen, herausnehmen und ausdrücken. Das Johannisbeerpüree mit Crème fraîche und Sahne verrühren, die Gelatine darin auflösen und unterrühren; mit Salz abschmecken. In eine Squeeze-Flasche füllen und gleichmäßig in Stickstoff tropfen lassen. Herausnehmen und in den Tiefkühler stellen.

Stickstoff-Alternative: Die Creme in kleinen Tupfen auf den Teller setzen.

GERASPELTE GÄNSELEBER

(Achtung: nur für Stickstoffprofis!)

50 g rohe, geputzte Gänseleber

Stickstoff

Die rohe, kalte Gänseleber mit einer Microplane-Reibe in Stickstoff reiben und mit einer Schaumkelle herausschöpfen. Anschließend im Kühlschrank kalt stellen.

Stickstoff-Alternative: Die Gänseleber im Tiefkühler anfrieren lassen und kurz vor dem Servieren mit einem scharfen Messer abschaben.

ANRICHTEN

8 Blätter Blutampfer

Friséesalat zum Dekorieren

Auf jeden Teller einen Müsliriegel legen. Die Buttermilchmousse in vier etwa gleich großen Nocken auf die Teller setzen. Mispel, Mairübchen und Eiszapfen anlegen. Mit ein paar Blättern Friséesalat ergänzen. Je 1 TL von der Sauerampfersauce angießen. (Die restliche Sauce kann man am nächsten Tag als Salatdressing verwenden.) Die Hühnerbrust in vier gleich große Streifen schneiden und je einen Streifen neben die Gemüse legen. Die gebackenen Hautchips anlegen. Zum Schluss die Johannisbeerperlen oder -tropfen dekorativ verteilen und die geraspelte Gänseleber darüberstreuen.

BRETONISCHE LANGOSTINOS

Mango // Algen // Vervene

REDUZIERTE LANGOSTINOS-SAUCE

4 Langostinos (Kaisergranat; à ca. 150 g)

Olivenöl zum Anrösten

2 Schalotten, fein gewürfelt

1 Stange junger Lauch, in feinen Scheiben

½ Karotte, fein gewürfelt

½ Stange Sellerie, in feinen Scheiben

¼ Fenchelknolle, fein gewürfelt

1 Tomate, fein gewürfelt

½ Knoblauchzehe, fein gewürfelt

½ EL Tomatenmark

50 ml Noilly Prat

100 ml Weißwein

500 ml Geflügelbrühe

1 Zweig Estragon

1 Zweig Vervene

50 g Butter

Die Krustentiere aufbrechen und vom Darm befreien. Scheren und Karkassen mit einem kleinen Hammer anbrechen. Die ausgelösten Langostinos beiseitestellen. Olivenöl in einem großen, nicht zu hohen Topf erhitzen. Karkassen und Scheren in den Topf geben und leicht anrösten. Schalotten-, Gemüse- und Knoblauchwürfel hinzufügen und kurz mitrösten. Das Tomatenmark untermischen.

Die gerösteten Zutaten mit Noilly Prat und Weißwein ablöschen. Die Mischung so lange reduzieren lassen, bis fast alle Flüssigkeit verdampft ist und anschließend die Geflügelbrühe angießen. Alles etwa 20 Minuten bei schwacher Hitze köcheln lassen.

Die Kräuterzweige dazugeben und alles ohne Hitze 10 Minuten ziehen lassen. Anschließend den Sud durch ein feines Sieb passieren und reduzieren, bis wiederum fast alle Flüssigkeit verdampft ist. Nun die Butter einrühren, um die Sauce damit zu binden. Die Sauce beiseitestellen (warm halten).

DILL-ÖL

1 Bund Dill

200 ml Traubenkernöl

Salz

Die Dillspitzen abzupfen und mit dem Traubenkernöl im Thermomix auf 50 °C mixen. Alternativ das Öl mit dem Dill in einem kleinen Topf auf etwa 50 °C erwärmen. Den Sud anschließend durch ein feines Sieb laufen lassen und beiseitestellen.

MANGOWÜRFEL UND -CREME

½ reife Mango

Die Mangohälfte schälen und das Fruchtfleisch in exakte Würfel (2 cm) schneiden. Die Würfel entweder mit dem Bunsenbrenner kurz anflämmen, oder in einer beschichteten Pfanne kurz anbraten. Übriges Mangofruchtfleisch pürieren und beiseitestellen.

GEPUFFTER REIS MIT MADRAS-CURRY

70 g gepuffter Reis (alternativ: Amarant)

1 Prise Madras-Currypulver

Den gepufften Reis mit Madras-Currypulver bestreuen.

MACADAMIA-MIX

30 g Macadamianusskerne

20 g Maltodextrin

Die Nusskerne in einer kleinen Pfanne ohne Öl hellbraun rösten. Anschließend fein raspeln (z. B. mit dem Trüffelhobel) und mit Maltodextrin vermischen.

MISO-MAYONNAISE

1 EL Miso „vom Lande" (Inaka-Miso; alternativ: normale Miso-Paste)

1 EL Mayonnaise

ca. 1 TL Zitronensaft

Miso mit der Mayonnaise verrühren und mit Zitronensaft abschmecken.

ALGEN MIT VINAIGRETTE

je 1 EL Sesam- und Traubenkernöl

1 EL Geflügelbrühe, 1 EL Honig-Essig

Salz, schwarzer Pfeffer aus der Mühle

Zucker

je 1 EL grüne, weiße und rote Tosaka Nori Algen

Für die Algen mit Vinaigrette Sesam- und Traubenkernöl mit Geflügelbrühe und Honig-Essig zur einer Vinaigrette verrühren. Mit Salz, Pfeffer und Zucker abschmecken. Die Algen mit dieser Vinaigrette kurz vor dem Servieren anmachen.

Tosaka Nori Algen werden überwiegend im 1-kg-Paket angeboten. Wem das zu viel ist, der kann auch andere (Nori) Algen nehmen.

FERTIGSTELLEN UND ANRICHTEN

Salz

Olivenöl zum Braten der Langostinos

Die ausgelösten Langostinos salzen und in einer Pfanne in Olivenöl auf jeder Seite 30 Sekunden anbraten. Aus der Pfanne nehmen und mit den vorbereiteten Komponenten wie folgt auf den Tellern anrichten: Mangowürfel, Mangocreme, Miso-Mayonnaise und Macadamia-Mix am inneren Tellerrand anrichten. Die Algen in der Vinaigrette dazwischensetzen. Das Dill-Öl in die Mitte jedes Tellers geben, die Langostinos-Reduktion einlaufen lassen und zum Schluss je einen Langostino daraufsetzen.

KEVIN SCHUMANN
Mein Souschef im EssZimmer
– wortwörtlich der Größte!

FEINE ERBSE

Carabiniero // Liebstöckel // Royal

2 Carabinieros (rote Riesengarnelen; à ca. 150 g)

Die Carabinieros ausbrechen, vom Darm befreien und die Karkassen aufbewahren.

ERBSEN-CONSOMMÉ
TEIL 1 (ERBSENFOND)

1 kg Erbsenschoten

Butter zum Anbraten

4 Schalotten, in feinen Scheiben

4 Champignons, in feinen Scheiben

100 ml Weißwein

50 ml Noilly Prat

1 l Geflügebrühe

etwa 1 EL Salz

Die Erbsen aus den Schoten nehmen. Die Schotenhülsen (!) in grobe Stücke schneiden. Die Butter bei mittlerer Hitze in einer Kasserolle zerlassen und die Schalotten- und Champignonscheiben dazugeben. 180 g Erbsen beiseitelegen. Schotenstücke und übrige Erbsen zu Schalotten und Champignons in die Kasserolle geben; salzen.
Alles mit Weißwein und Noilly Prat ablöschen. Anschließend reduzieren, bis kaum mehr Flüssigkeit vorhanden ist. Dann die Geflügelbrühe angießen und ca. 25 Minuten bei schwächster Hitze ziehen lassen. Den entstandenen Sud durch ein Sieb in einen mittelgroßen Topf passieren und abkühlen lassen. So haben Sie einen Erbsenfond erstellt

ERBSEN-CONSOMMÉ
TEIL 2 (ERBSENESSENZ)

300 g Putenbrust

50 g Lauch, geputzt

50 g Stangensellerie, geputzt

100 g Erbsen (beiseitegelegt; siehe links)

Salz, 2 Eiweiß, leicht verquirlt

Erbsenfond (siehe links)

4 Minzeblätter

2 Zweige Dill

100 g Erbsen (siehe links), ½ TL Salz

Karkassen von 2 Carabinieros (siehe links)

Olivenöl zum Anbraten

Die Putenbrust mit Lauch, Stangensellerie und den beiseitegelegten Erbsen durch den Fleischwolf drehen. Die Masse leicht salzen, mit dem Eiweiß vermischen und zum Erbsenfond in den Topf geben. Das Ganze unter ständigem Rühren zum Kochen bringen. Sobald der Fond aufkocht, auf schwächste Hitze reduzieren, Minzeblätter und Dillzweige dazugeben und alles etwa 30 Minuten ziehen lassen. Anschließend durch ein Tuch passieren. So ist eine Erbsenessenz entstanden.
Die Carabinierokarkassen in einer Pfanne in Olivenöl etwa 1 Minute anbraten, aus der Pfanne nehmen und auf Küchenpapier abtropfen lassen. Anschließend in die hergestellte Erbsenessenz geben. 10 Minuten ziehen lassen und dann das Ganze nochmals durch ein Tuch passieren. Die fertige Consommé beiseitestellen.

ERBSENPÜREE

½ Schalotte, fein gewürfelt

Butter zum Dünsten

80 g Erbsen (beiseitegelegt; siehe Seite 181 links)

1 Messerspitze Salz

100 g Sahne

1–2 Spritzer Zitronensaft

Die Schalottenwürfel in einer kleinen Pfanne mit Butter glasig dünsten, die Erbsen hinzufügen; salzen. Das Ganze mit der Sahne ablöschen und reduzieren, bis fast keine Flüssigkeit mehr vorhanden ist. Alles kurz durchmixen, durch ein feines Sieb passieren und mit Zitronensaft abschmecken. In einen Spritzbeutel füllen.

ROYAL

2 Eigelb

2 EL Sahne

1 Messerspitze Salz

1 Messerspitze frisch geriebene Muskatnuss

Den Backofen auf 90 °C vorheizen. Die Eigelbe mit der Sahne vermischen, mit Salz und Muskat abschmecken. Das Souffléförmchen mit Frischhaltefolie auskleiden, die Eigelbmischung darauf verteilen und mit Frischhaltefolie abdecken. Das Förmchen so in die Schüssel mit Wasser stellen, dass gerade kein Wasser hineinläuft. Die Wasserbad-Schüssel mit Förmchen in den vorgeheizten Ofen stellen und die Royal in ca. 20 Minuten im Ofen stocken lassen. Aus dem Ofen nehmen und die Creme im Förmchen kalt stellen. Anschließend auf einen flachen Teller oder ein Blech stürzen und in gleichmäßige Würfel (1 x 1 cm) schneiden.

EXTRAS

kleiner Fleischwolf (Auch wenn dies schon wieder eine neues Gerät in Ihrer Küche sein sollte: Ich kann den Kauf eines einfachen Fleischwolfs nur empfehlen.), ein Souffléförmchen (5 cm Durchmesser), eine ofenfeste Schüssel mit Wasser gefüllt (für das Wasserbad)

FERTIGSTELLEN UND ANRICHTEN

1 TL Krustentieröl (Feinkost- oder Onlinehandel)

2 Blätter Liebstöckel, in feinen Streifen

4 Stängel Affila-Kresse (schmeckt nach Erbsen, daher unbedingt versuchen, sie zu bekommen. Alternative: Brunnenkresseblätter)

1 EL Apfelwürfelchen (Granny Smith, geschält)

Krustentieröl jeweils in die Mitte von vier tiefen Tellern träufeln. Die Apfelwürfel kreisförmig darum herum anrichten. Jeweils 2 Würfel Royal dazwischensetzen. Erst jetzt die Carabinieros in einer Pfanne bei schwacher Hitze rundherum glasig braten und in vier gleichmäßige Stücke schneiden. Diese auf den Tellern platzieren. Mit Liebstöckel und der Affila-Kresse dekorieren. Das Erbsenpüree in Tupfen auf die Carabinieros drücken. Die Consommé erhitzen und vorsichtig von der Seite angießen.

BACHFORELLE

Yuzu // Gelackter Aal

KARTOFFELCHIPS

1 große Kartoffel (300 g)

Öl zum Ausbacken

Salz

Am Vortag die Kartoffelchips herstellen. Dafür die Kartoffel entsaften und die Flüssigkeit in eine kleine flache Form gießen. Den Kartoffelsaft im Steamer auf 80 °C stocken lassen; herausnehmen. Noch vorhandenes Wasser abgießen. Die gestockte Masse in der Form mit Crushed Ice abschrecken, dann aus der Form nehmen und auf einem Backpapier 24 Stunden trocknen lassen.

Vor dem Servieren in einer etwas tieferen Pfanne in 160 °C heißem Öl ausbacken und in Stücke brechen. Aus dem Öl heben, auf Küchenpapier abtropfen lassen, leicht salzen und beiseitestellen.

ROTE-BETE UND ROTE-BETE-PÜREE

2 kleine Rote-Bete (insgesamt ca. 150 g)

Salz

½ EL ganzer Kümmel

50 g grobes Salz (für das Blech)

1 Schalotte, in feinen Scheiben

Butter zum Andünsten

Zucker

1 TL Himbeeressig

100 ml Rote-Bete-Saft

Den Backofen auf 170 °C vorheizen. Die (ungeschälten!) Rote-Bete-Knollen jeweils auf ein Stück Alufolie setzen, mit ½ TL Salz und Kümmel würzen, dann die Folien um die Beten wickeln. Das grobe Salz auf ein Backblech geben, die eingewickelten Beten daraufsetzen und im vorgeheizten Ofen etwa 45 Minuten garen. Sie sind gar,

wenn man mit einer langen Nadel mit nur wenig Widerstand durchstechen kann.

Die Päckchen aus dem Ofen nehmen, die Beten auswickeln und schälen. In vier etwa gleich große Scheiben schneiden und mit dem Plätzchenring daraus jeweils Kreise ausstechen. Beiseitestellen.

Für das Püree die abgeschnittenen Rote-Bete-Enden mit den Schalottenscheiben in einer kleinen Pfanne mit Butter andünsten, mit Salz und Zucker würzen und anschließend mit dem Himbeeressig ablöschen. Dann den Rote-Bete-Saft dazugießen. Alles reduzieren, bis nur noch wenig Flüssigkeit übrig ist. Im Mixer pürieren, dann die Masse durch ein feines Sieb streichen und in eine Squeeze-Flasche füllen; warm stellen.

YUZU-SUD

½ Granny-Smith-Apfel

1 Stück Salatgurke (60 g)

1 Stange Sellerie

4 Stängel Koriandergrün

50 g Ingwer, geschält

1 EL kalt gepresstes Olivenöl

1 EL Traubenkernöl

½ EL Yuzu-Saft

ca. ½ TL Salz

ca. 1 TL Zucker

Für den Yuzu-Sud Apfel, Salatgurke, Selleriestange, Koriander und Ingwer entsaften. Den Saft durch ein feines Sieb in eine Schüssel passieren. Oliven- und Traubenkernöl sowie den Yuzusaft untermischen. Den Sud mit Salz und Zucker abschmecken; kalt stellen.

AAL

80 g frischer Aal

Salz

DER LACK FÜR DEN AAL

2 EL Mirin

2 EL Sake

1 EL Sojasauce

½ EL Zucker

Den Aal leicht salzen, zwischen zwei Backpapiere legen und das Ganze in den Dampfgarer oder den Dampfgaraufsatz des Thermomixes legen. Mit einem ofenfesten Topf beschweren und den Aal bei 90 °C 10 Minuten garen. Alternativ kann man den Aal im Backofen bei 120 °C Ofentemperatur garen. Den Aal aus dem Dampf (bzw. dem Ofen) nehmen, die Haut abziehen und die Gräten entfernen.

Für den Lack Mirin und Sake in einem kleinen Topf aufkochen und bis auf die Hälfte reduzieren. (Achtung: Der Alkohol kann sich dabei von selbst entzünden.) Dann Sojasauce und Zucker dazugeben und die Flüssigkeit weiterkochen, bis sie sirupartig ist.

Den Backofen auf 180 °C (Oberhitze) vorheizen. Den Aal mit dem Lack bepinseln und im vorgeheizten Ofen backen, bis der Lack karamellisiert.

FORELLENFILETS

300 g Bachforellenfilets, ohne Haut und Gräten

250 g geklärte Butter, Salz

Die Forellenfilets in vier gleich große Portionen teilen. Die geklärte Butter in einer Pfanne auf 70 °C erhitzen. Die Forellenfilets salzen und in der Butter in ca. 5 Minuten glasig garen.

EXTRAS

Entsafter, Steamer (Dämpfer; die Kartoffelchips lassen sich nur in einem Steamer herstellen. Alternativ kann man fertige Kartoffelchips bester Qualität verwenden.), ein Plätzchenring (Durchmesser 6–7 cm)

FERTIGSTELLEN UND ANRICHTEN

1 Ringelbete, geschält und hauchdünn aufgeschnitten

Butter zum Anbraten

4 TL Saiblings-Kaviar

1 gehäufter EL Mandelblättchen

1 Goldkiwi (gelbe Kiwi), geschält

4 Veilchenblüten

Crushed Ice zum Abschrecken

Die Ringelbete mit dem Yuzu-Sud leicht marinieren. Die vier schönsten Scheiben nebeneinander legen, das Rote-Bete-Püree darauf verteilen und die Scheiben jeweils zu einer Rolle drehen.

Die gegarten Rote-Bete-Taler in einer Pfanne in Butter kurz anbraten. Je 1 Taler auf einen Teller legen. Die Forellenfilets daraufsetzen und darauf den gelackten Aal und die Kartoffelchips. Den Yuzu-Sud von der Seite angießen. Den Saiblings-Kaviar und die Mandelblättchen darüberstreuen. Die Kiwi in Scheiben, dann in Viertel schneiden und dekorativ dazulegen. Zum Schluss die Veilchenblüten aufsetzen.

ANGELKABELJAU

Purple Curry // Holunderessig // Rauchmandel

HOLUNDER-VINAIGRETTE

1 EL Holunderessig

2 EL Traubenkernöl

1 EL Geflügelbrühe

Salz

schwarzer Pfeffer aus der Mühle

Holunderessig, Traubenkernöl und Geflügelbrühe miteinander zu einer Vinaigrette verquirlen; mit Salz und Pfeffer abschmecken.

SELLERIESALAT

1 kleine Sellerieknolle (ca. 120 g)

100 g grobes Meersalz

¼ Stange Sellerie, fein gewürfelt

1 Tomate, geviertelt und entkernt

Blättchen von 5 Stängeln Kerbel

8 Rauchmandeln, längs halbiert

Den Backofen auf 170 °C vorheizen. Die Sellerieknolle unter fließendem Wasser abbürsten und abtrocknen. Das Meersalz etwa 1 cm hoch auf ein Backblech schichten. Die ganze Sellerieknolle auf das Salz legen, das Blech in den Ofen schieben und die Knolle etwa 1 Stunde garen. Sie ist fertig, wenn man mit einer langen Nadel relativ einfach durchstechen kann. Die Knolle aus dem Ofen nehmen und abkühlen lassen. (Das Meersalz aufbewahren: Sie können es bis zu fünf Mal verwenden. Auf Meersalz langsam gegartes Gemüse behält seinen ursprünglichen Geschmack sehr intensiv.)
Sobald die Knolle abgekühlt ist, die äußere Haut mit einem kleinen Gemüsemesser abschneiden. Die Knolle in gleichmäßige Scheiben (etwa 5 mm dick) und anschließend in Rauten schneiden.
Stangenselleriewürfel und Tomatenviertel mit den Knollensellerierauten in einer Schüssel vermischen; mit der Holunder-Vinaigrette anmachen. Zum Schluss die Kerbelblättchen und die halbierten Rauchmandeln untermischen.

SAUCE

1 EL Butter

2 Champignons, in feinen Scheiben

2 Schalotten, in feinen Scheiben

50 ml trockener Weißwein

50 ml Noilly Prat

200 ml Fischfond

150 g Sahne

3 EL Holunderessig

Salz

1–2 Spritzer Zitronensaft

Cayennepfeffer

1 Zweig Thymian

Die Butter in einer mittelgroßen Kasserolle bei schwacher Hitze zerlassen. Champignon- und Schalottenscheiben darin bei mittlerer Hitze kurz dünsten. Mit Weißwein und Noilly Prat ablöschen und alles reduzieren, bis fast keine Flüssigkeit mehr vorhanden ist. Den Fischfond hinzufügen und alles erneut reduzieren lassen. Nun die Sahne dazugeben und das Ganze kurz aufkochen lassen.

Die Kasserolle vom Herd nehmen und die Sauce mit Holunderessig, Salz, Zitronensaft und Cayennepfeffer abschmecken. Thymianzweig dazugeben und die Sauce etwa 10 Minuten ziehen lassen; anschließend durch ein feines Sieb passieren und mit dem Mixer schaumig mixen. Warm stellen.

KABELJAU

350 g Kabeljaufilets, ohne Haut und Gräten

Salz

1 EL Olivenöl

1 EL Butter

Die Kabeljaufilets in vier gleichmäßige Scheiben schneiden, salzen und in einer Pfanne in Olivenöl und Butter bei mittlerer Hitze beidseitig glasig braten (pro Seite etwa 2 Minuten). Die Filets aus der Pfanne nehmen und auf Küchenpapier abtropfen lassen. Warm stellen.

FERTIGSTELLEN UND ANRICHTEN

1 Nektarine

2 Stängel bunter Stiel-Mangold

½ Schalotte, fein gewürfelt

½ EL Purple Curry (z. B. von Ingo Holland)

4 hauchdünne Scheiben Bündner Fleisch

Die Nektarine schälen, vom Kern befreien und in kleine Würfel (3 mm) schneiden. In eine kleine Schüssel geben. Die Mangoldstiele schälen und mit den Blättern in feine Streifen schneiden. Stiele und Blätter mit den Schalottenwürfeln in einer Pfanne mit etwas Butter leicht erhitzen, bis die Schalotten glasig sind.

Den Selleriesalat auf vier Teller verteilen. Mithilfe von zwei kleinen Löffeln die Nektarinenwürfel in jeweils einer kleinen Nocke danebensetzen. Die Sauce mit einem Quirl kurz aufschäumen und vorsichtig auf die Teller gießen. Die Filets auf die Sauce setzen mit dem Purple Curry bestreuen. Je 1 Scheibe Bündnerfleisch darauflegen und den Mangold darüber verteilen.

NAGELROCHEN

Poverade // Olive // Limoncello

GRISSINI

50 ml Milch

10 g frische Hefe

½ TL Salz

250 g Mehl

1 TL Olivenöl

1 EL gehackter Rosmarin und Thymian

Für die Grissini die Milch mit 80 ml Wasser auf 35 °C (lauwarm) erhitzen und in eine Schüssel gießen. Die Hefe in der Flüssigkeit auflösen und das Salz hinzufügen. Das Mehl durch ein Sieb unter Rühren dazugeben und das Olivenöl einfließen lassen; alles zu einem homogenen Teig verkneten. Zum Schluss die gehackten Kräuter untermischen. Den Teig in der Schüssel zudecken und etwa 1 Stunde im Kühlschrank ruhen lassen. Den Backofen auf 160 °C vorheizen. Den Teig aus dem Kühlschrank nehmen und in gleichmäßige, ca. 10 g schwere Stücke schneiden. Diese auf einer bemehlten Arbeitsfläche mit den Fingern zu Grissini ausrollen. Die Röllchen auf ein Backblech legen und im vorgeheizten Ofen in 10–15 Minuten goldgelb backen.

> Die angegebenen Zutaten für die Grissini reichen für mehr als nur die 4 Stück, die man zum Dekorieren benötigt. Gerade beim Backen kann man Mengen nicht so ohne Weiteres halbieren, vierteln oder gar achteln. Übrige Grissini können Sie wunderbar zum Aperitif reichen.

POVERADENRAGOUT

6 Poveraden (kleine Artischocken, à 30–40 g)

ca. 2 EL Zitronensaft

2 EL Olivenöl

2 Schalotten, in feinen Scheiben

2 Champignons, in feinen Scheiben

1 Tomate, geachtelt

1 Knoblauchzehe, angedrückt

40 g Lauch, in kleinen Streifen

40 g Stangensellerie, fein gewürfelt

40 g Karotte, fein gewürfelt

20 g Bauchspeck, in feinen Streifen

1 Zweig Thymian

1 Lorbeerblatt

1 EL Tomatenmark

1 EL Weißwein

300 ml Geflügelbrühe

Salz

Für das Poveradenragout zuerst einen Fond zubereiten. Dafür den oberen Teil aller sechs Poveraden abschneiden, die Blätter aufbewahren, die Stiele mit einem Küchenmesser schälen. Wasser mit Zitronensaft in eine Schüssel geben und die Poveraden hineinlegen, damit sie nicht braun werden. Beiseitestellen.
In einem mittelgroßen Topf 2 EL Olivenöl erhitzen und die Poveradenblätter bei mittlerer Hitze darin anbraten. Schalotten- und Champignonscheiben, Tomatenachtel, angedrückte Knoblauchzehe sowie Lauch, Stangensellerie und Karotte dazugeben und kurz mitbraten. Nun die Speckstreifen, Thymianzweig und Lorbeerblatt hinzufügen. Das Tomatenmark untermischen und alles

5 Minuten weiterköcheln lassen. Die Mischung mit dem Weißwein ablöschen und das Ganze reduzieren lassen, bis fast keine Flüssigkeit mehr vorhanden ist. Danach mit der Geflügelbrühe auffüllen und etwa 20 Minuten köcheln lassen. Den Fond durch ein feines Sieb in eine Schüssel passieren und beiseitestellen. Ganz leicht salzen.

POVERADENCREME

2 vorbereitete Poveraden (aus dem Zitronenwasser)

1 EL Olivenöl

ca. 100 ml Poveraden-Fond

1 EL Sahne

Zwei Poveraden aus dem Zitronenwasser nehmen, achteln und in einem kleinen Topf im Olivenöl etwa 2 Minuten angehen lassen, mit dem Poveraden-Fond angießen und zugedeckt köcheln lassen, bis die Poveradenachtel weich sind. Nun die Sahne unterrühren und die Flüssigkeit um die Hälfte reduzieren. Anschließend die Poveradenstückchen im Topf mit dem Stabmixer pürieren. Das Püree durch ein feines Sieb streichen und warm stellen. Kurz vor dem Servieren in einen Spritzbeutel füllen.

LIMONCELLO- UND PAPRIKAMOUSSE

4 EL Limoncello

1 Prise Salz

4 g Agar Agar

4 EL Paprikapüree

Den Limoncello in einer sehr kleinen Sauteuse kurz aufkochen lassen. Mit Salz würzen und mit 2 g Agar Agar binden. Anschließend im Kühlschrank abkühlen lassen (1 Stunde). Herausnehmen, aufmixen und in einen Spritzbeutel füllen. Das Paprikapüree mit dem übrigen Agar Agar binden, ebenfalls kalt stellen, aufmixen und in einen Spritzbeutel füllen.

LEICHT GETROCKNETE TOMATENWÜRFEL

2 San-Marzano-Tomaten, gehäutet, geviertelt und entkernt

Salz, 1 EL Puderzucker

Für die Tomatenwürfel den Backofen auf 60 °C vorheizen. Die Tomatenviertel leicht salzen, mit dem Puderzucker bestreuen und auf einem Backblech mit Backpapier im vorgeheizten Ofen antrocknen lassen (ca. 4 Stunden). Anschließend in feine Würfel schneiden und beiseitestellen.

SPINAT

ca. 1 EL Olivenöl

1 Schalotte, fein gewürfelt

150 g junger Spinat, geputzt und gewaschen

Salz, frisch geriebene Muskatnuss

Zitronensaft

Das Olivenöl in einer Kasserolle erhitzen. Die Schalottenwürfel und dann den Spinat dazugeben. Den Spinat zusammenfallen lassen. Mit Salz, Muskat und Zitronensaft würzen.

FERTIGSTELLEN DES POVERADENRAGOUTS

4 Poveraden (aus dem Zitronenwasser)

1 EL Olivenöl, restlicher Poveradenfond

leicht getrocknete Tomatenwürfel (siehe links)

2 entkernte große grüne Oliven, in feinen Streifen

Die restlichen 4 Poveraden aus dem Zitronenwasser nehmen und achteln. In einer mittelgroßen Pfanne mit hohem Rand im Olivenöl angehen lassen. Mit dem übrigen Poveradenfond aufgießen und etwa 5 Minuten köcheln lassen, bis die Poveraden bissfest sind. Zum Schluss die Tomatenwürfel und die Olivenstreifen dazugeben.

ROCHENFLÜGEL UND ANRICHTEN

300 g Rochenflügel, ohne Haut

Salz

Blätter von 2 Stängeln glatter Petersilie, fein gehackt

Blätter von 2 Stängeln Thai-Basilikum

EXTRA: Steamer-Basket

Den Rochenflügel in vier gleichmäßige Portionen teilen, leicht salzen und in einem Steamer-Basket über kochendem Wasser ca. 4 Minuten garen.

Zum Anrichten das Poveradenragout auf vier Teller verteilen und mit der Petersilie bestreuen. Die Rochenflügelstücke auf das Ragout setzen. Den Spinat anlegen. Das Poveradenpüree und jeweils eine Nocke Limoncello- und Paprikapüree aufspritzen. Mit Basilikumblättern dekorieren und je 1 Grissini anlegen.

POLYPO UND KANINCHEN

Rucola // Aubergine-BBQ // Feta

POLYPO

100 ml Weißwein

2 EL Weißweinessig

1 Tomate, gewürfelt

1 weiße Zwiebel, gewürfelt

1 Karotte, gewürfelt

½ Stange Lauch, in Scheiben

1 Stange Sellerie, in Scheiben

5 Pfefferkörner

5 Wacholderbeeren

10 Senfkörner

1 Zweig Thymian

2 Stängel Basilikum

1 Knoblauchzehe, angedrückt

1 kleiner Polypo (Oktopus, Krake)

1 EL Olivenöl zum Binden des Fonds

Salz

Den Weißwein mit 2 l Wasser und dem Weißweinessig in einem Topf zum Kochen bringen. Tomate, Zwiebel, Karotte, Lauch und Sellerie sowie Pfefferkörner, Wacholderbeeren und Senfkörner, den Thymianzweig, die Basilikumzweige und die Knoblauchzehe hinzufügen. Dann den Tintenfisch in die Flüssigkeit geben und etwa 1 Stunde bei schwacher Hitze köcheln lassen.
Den Polypo aus dem Sud nehmen und mit einem feuchten Tuch abdecken. Den Fond durch ein Sieb in einen weiteren Topf passieren und reduzieren, bis nur noch wenig Flüssigkeit vorhanden ist. Anschließend mit dem Olivenöl binden, mit Salz abschmecken und warm stellen.

GNOCCHI

1 mehligkochende Kartoffel (100 g)

30 g Speisestärke

2 EL Polentagrieß

2 Eigelb

Salz

frisch geriebene Muskatnuss

4 EL Butter

Den Backofen auf 120 °C vorheizen. Die Kartoffel in Salzwasser gar kochen. Anschließend schälen, halbieren und auf einem Backblech im Ofen ca. 5 Minuten ausdämpfen lassen. Die Kartoffel aus dem Ofen nehmen und durch eine Kartoffelpresse in eine Schüssel drücken. Die gepresste Kartoffelmasse mit der Stärke, dem Polentagrieß und den Eigelben vermischen; mit Salz und Muskat abschmecken.

Den Teig zunächst zu Rollen formen, diese in etwa 2 cm lange Stücke schneiden und über ein Gnocchibrett rollen (alternativ mit einer kleinen Gabel eindrücken). Salzwasser in einem Topf zum Kochen bringen, die Gnocchi hineingeben, bis sie an die Oberfläche steigen, sofort herausheben und warm stellen.

> **EXTRAS**
> Kartoffelpresse, Gnocchibrett oder Gabel

AUBERGINEN

2 Babyauberginen

Salz

30 g Feta, fein gewürfelt

1 EL BBQ-Sauce

Mehl zum Mehlieren

Fett zum Ausbacken

Die Auberginen längs halbieren, auf den Schnittflächen rautenförmig einschneiden und rundherum mehlieren. Das Fett in einer mittelgroßen Pfanne erhitzen und die Auberginen darin goldgelb backen. Aus der Pfanne nehmen und kurz auf Küchenpapier abtropfen lassen. Auf einen Teller legen, mit der BBQ-Sauce bestreichen und dem Feta bestreuen.

FERTIGSTELLEN UND ANRICHTEN

Olivenöl zum Anbraten der Polypo-Arme

1 ausgelöster Kaninchenrücken, pariert und in Medaillons geschnitten

Salz

schwarzer Pfeffer aus der Mühle

Mehl zum Mehlieren

2 Blätter Salbei, in feinen Streifen

1 kleines Bund Rucola, klein gezupft

2 EL geriebener Pecorino

15 Pinienkerne, geröstet

8 Artischockenchips (alternativ schöne große Kartoffel- oder Gemüsechips)

Butter zum Anbraten der Medaillons und Gnocchi

Die Arme vom Polypo abtrennen und in gleichmäßige Stücke schneiden. In einer Pfanne in etwas Olivenöl scharf anbraten. Aus der Pfanne nehmen und auf einem Teller kurz warm stellen. Die Kaninchenmedaillons mit Salz und Pfeffer würzen und rundherum mehlieren. Anschließend in etwas Butter zusammen mit den Salbeistreifen pro Seite etwa 30 Sekunden anbraten und ebenfalls kurz warm stellen.

Den Polypo-Sud in vier tiefe Teller gießen. Die Polypoarme und die Kaninchenmedaillons auf die Teller verteilen und auf den Sud legen. Die Auberginen daneben platzieren und mit dem Rucola garnieren.

Butter in einer Pfanne aufschäumen, die Gnocchi hineingeben und durchziehen lassen. Dann ebenfalls auf die Teller verteilen, mit dem geriebenen Pecorino und den Pinienkernen bestreuen und mit den Artischockenchips garnieren.

KALBSBRIES UND ZUNGE

Grüner Spargel // Blumenkohl // Passionsfrucht

BROTERDE

1 EL Mehl

1 Scheibe Pumpernickel

2 EL getrocknetes Malzbrot

1 EL getrocknete Pfifferlinge

½ Schalotte, fein gewürfelt und kurz blanchiert

5 Bätter glatte Petersilie, fein gehackt

1 EL Olivenöl

1 EL alter Balsamico

Salz

Das Mehl in einer beschichteten Pfanne kurz rösten, bis es etwas Farbe angenommen hat. Mit dem Pumpernickel, dem Malzbrot und den Pfifferlingen in den Mixer geben und alles fein mixen. Schalottenwürfel und Petersilie untermischen und die Mischung mit Olivenöl, Balsamico und Salz abschmecken.

VINAIGRETTE

1 TL Senfkörner

3 EL Apfelsaft

3 EL Weißwein

2 EL Traubenkernöl

1 TL Champagneressig

Salz, schwarzer Pfeffer aus der Mühle

Zucker

je 20 g Lauch, Karotte und Sellerie, fein gewürfelt und blanchiert

Senfkörner mit Weißwein und Apfelsaft in einen kleinen Topf geben. So lange kochen lassen, bis alle Flüssigkeit verdampft ist. Dann das Traubenkernöl und den Champagneressig hinzufügen und mit den Senfkörnern verrühren. Die Vinaigrette mit Salz, Pfeffer und Zucker abschmecken. Die Gemüsewürfel unter die Vinaigrette mischen.

SPARGEL

4 Stangen grüner Spargel, geputzt

Salz

Zucker

Die Spargelstangen in Salzwasser blanchieren, in Eiswasser abschrecken und mit Küchenpapier abtrocknen. Beiseitelegen.

BLUMENKOHL

2 Mini-Blumenkohl, geputzt

Salz

10 g Butter

1 Schalotte, geschält, in feinen Scheiben

2 Champignons geschält, in feinen Scheiben

4 EL Geflügelbrühe

2 EL Sahne

Saft von ½ Zitrone

Aus dem Blumenkohl Scheiben und Püree herstellen. Für Blumenkohlscheiben 1 Mini-Kopf in Salzwasser in etwa 4 Minuten bissfest kochen. Anschließend in Eiswasser abschrecken, mit Küchenpapier abtrocknen und in gleichmäßige Scheiben schneiden.

Den zweiten Blumenkohl für das Püree in Röschen schneiden. In einer Kasserolle Butter erhitzen, Schalotten und Champignon-Scheiben darin angehen lassen und die Blumenkohlröschen dazugeben, salzen und mit der Geflügelbrühe angießen. So lange kochen lassen, bis die Röschen weich sind und alle Flüssigkeit verdampft ist. Anschließend die Sahne in die Kasserolle geben, nochmals alles aufkochen und dann mit dem Stabmixer pürieren. Die Masse durch ein feines Sieb streichen mit Zitronensaft abschmecken und in eine Squeeze-Flasche füllen; warm stellen.

PASSIONSFRUCHT-HOLLANDAISE

1 Eigelb

4 EL Passionsfruchtmark

20 g Butter, klein gewürfelt

Salz

Saft von ½ Zitrone

Das Eigelb mit dem Passionsfruchtmark verrühren und über einem warmen Wasserbad mit einem Schneebesen zu einer Sabayon (also dick cremig) aufschlagen. Die Butterstückchen einrühren und die Hollandaise mit Salz und Zitronensaft aufschlagen.

KALBSBRIES

250 g Kalbsbries, vom Metzger pariert

Salz

Mehl zum Mehlieren

Butter und Öl zum Braten

4 EL Kalbsjus

Das Kalbsbries salzen und im Mehl wenden. In einer Pfanne Öl und Butter erhitzen und das Kalbsbries darin auf beiden Seiten goldgelb braten. Aus der Pfanne nehmen und kurz auf Küchenpapier ablegen. Das Fett aus der Pfanne gießen, die Kalbsjus in die Pfanne geben, das Bries hinzufügen und bei mittlerer Hitze ein paar Minuten unter ständigem Übergießen glasieren lassen.

FERTIGSTELLEN UND ANRICHTEN

Olivenöl zum Braten des Spargels

Salz, 80 g gekochte Kalbszunge, dünn aufgeschnitten

Traubenkernöl zum Braten der Blumenkohlscheiben

Parmesanspäne

ca. ½ Kästchen Gartenkresse

Die blanchierten Spargelstangen in etwas Olivenöl kurz anbraten; salzen. Die Kalbszungenscheiben auf vier vorgewärmte Teller verteilen und mit der Vinaigrette bestreichen. Die Blumenkohlscheiben salzen. In einer Pfanne Traubenkernöl erhitzen und die Blumenkohlscheiben darin beidseitig anbraten, bis sie eine ganz leicht Bräunung angenommen haben. Das Kalbsbries auf die mit Vinaigrette bestrichene Kalbszunge legen, die Blumenkohlscheiben anlegen. Beidseitig das Blumenkohlpüree aufspritzen. Den angebratenen Spargel dazulegen. Alles mit der Broterde bestreuen und die Parmesanspäne anlegen. Mit Kresse dekorieren und zum Schluss die Passionsfrucht-Hollandaise angießen.

MILCHKALB

Filet und Schulter // Nashi-Birne // Bohnenragout

SCHULTER UND SCHMORSAUCE

1 flache Schulter vom Milchkalb (ca. 1 kg)

Salz

schwarzer Pfeffer aus der Mühle

Mehl zum Mehlieren

Olivenöl zum Anbraten

4 Schalotten, gewürfelt

40 g Karotte, gewürfelt

40 g Stangensellerie, gewürfelt

40 g Lauch, in Ringen

1 Knoblauchzehe, angedrückt

1 Tomate, gewürfelt

1 Zweig Thymian

1 Zweig Rosmarin

1 EL Tomatenmark

100 ml trockener Weißwein

Den Backofen auf 170 °C vorheizen. Die Schulter mit Salz und Pfeffer einreiben. Mehl auf einen flachen Teller geben und die Schulter darin wenden, sodass sie rundherum dünn mit Mehl bedeckt ist. Teller beiseitestellen. In dem Mehl werden später noch die Kalbsmedaillons gewendet.

Den Boden eines ofenfesten Bräters mit Olivenöl bedecken und den Bräter im Ofen kurz vorwärmen. Herausnehmen und die Schulter mit der Fettseite nach unten hineinlegen; wieder in den Ofen schieben. Die Schulter im Ofen 20 Minuten garen, dabei nach 10 Minuten mit dem Olivenöl übergießen.

Nach den 20 Minuten den Bräter aus dem Ofen nehmen. Schalotten-, Karotten- und Stangselleriewürfel sowie Lauchringe, Knoblauch, Tomate, Thymian und Rosmarin in den Bräter geben. Die Schulter wenden und dabei auf die Gemüse setzen. Den Bräter wieder in den Ofen schieben und die Schulter weitere 20 Minuten garen. Nach 10 Minuten wieder mit Fett aus dem Bräter übergießen. Die Gemüse mit dem Tomatenmark vermischen, mit Weißwein ablöschen und reduzieren. Anschließend bis auf die halbe Höhe der Schulter Wasser angießen. Nach weiteren etwa 50 Minuten Garzeit im Ofen ist die Schulter weich geschmort. Bräter aus dem Ofen und die Schulter aus dem Bräter nehmen; warm stellen.

Die Gemüse mit der Sauce durch ein feines Sieb in einen Topf passieren und leicht köcheln lassen, bis sich das Fett oben absetzt. Das Fett abschöpfen und die Sauce reduzieren lassen, bis sie schön sämig ist.

CAFÉ-DE-PARIS-BUTTER

½ Schalotte, fein gewürfelt

40 g weiche Butter

8 Kapern, fein gehackt

2 Sardellen, fein gehackt

5 Blätter glatte Petersilie, fein gehackt

1 Messerspitze Madras Currypulver

1 Messerspitze Savora-Senf

1 Spritzer Zitronensaft

Salz, Cayennepfeffer

Die Schalottenwürfel kurz blanchieren. Die Butter aufschlagen und unter ständigem Weiterschlagen Kapern, Sardellen, blanchierte Schalottenwürfel sowie Petersilie, Currypulver und Savora-Senf dazugeben. Zum Schluss das Ganze mit Zitronensaft, Salz und Cayennepfeffer abschmecken. In den Kühlschrank stellen.

209

PESTO

1 TL Olivenöl

6 Blätter glatte Petersilie, fein gehackt

6 Blätter Koriander, fein gehackt

¼ längliche grüne Chilischote, von den Kernen befreit und fein gehackt

1 TL Chardonnay-Essig (alternativ Weinessig)

Salz, Zucker

Olivenöl, Petersilie, Koriander und Chilischote mit Essig vermischen. Mit Salz und Zucker abschmecken.

ROTWEIN-SCHALOTTEN

1 EL Zucker

2 Schalotten, halbiert

50 ml Rotwein

50 ml Portwein

10 g Butter

Den Zucker in einer kleinen Sauteuse bei mittlerer Hitze karamellisieren lassen. Die halbierten Schalotten dazugeben und sofort mit dem Rotwein und dem Portwein ablöschen. Anschließend reduzieren lassen, bis eine sämige Konsistenz entstanden ist. Dann die Butter darunterheben. Warm stellen.

BOHNENRAGOUT

20 g Spello-Bohnen, eingeweicht

100 ml Geflügelbrühe, leicht gesalzen

4 gelbe Wachsbohnen, in Stücken

2 breite grüne Bohnen, in Streifen

4 Keniabohnen, in Stücken

Salz, Zitronensaft

5 Blätter Bohnenkraut, fein gehackt (wirklich nur 5 Blätter!)

1 Tomate, enthäutet, entkernt und gewürfelt

2 EL Sahne

Die Spello-Bohnen in der Gefügelbrühe in etwa 15 Minuten bissfest kochen. Den Kochfond durch ein Sieb in einen Topf passieren und bis auf die Hälfte reduzieren. Die Wachsbohnen, die breiten grünen Bohnen und Keniabohnen kurz mit kochendem Salzwasser übergießen, anschließend mit kaltem Wasser abschrecken. Die Spello-Bohnen in den reduzierten Kochfond geben, dann die restlichen Bohnen hinzufügen. Mit Zitronensaft abschmecken. Bohnenkrautblätter und Tomatenwürfel dazugeben. Sahne aufschlagen und unterheben.

KALBSFILET

2 Medaillons vom Kalbfilet (à 100 g)

Salz

Pfeffer aus der Mühle

Mehl zum Mehlieren (s. o.)

Olivenöl und Butter zum Anbraten

Die Kalbsmedaillons auf beiden Seiten mit Salz und Pfeffer würzen und in dem beiseitegestellten Mehl (von der Schulter) wenden.

Olivenöl und Butter in einer Pfanne bei mittlerer Hitze erwärmen. Die Kalbsmedaillons in die Pfanne geben und bei mittlerer Hitze auf beiden Seiten rosa braten (pro Seite ca. 3 Minuten). Die Medaillons aus der Pfanne nehmen und ca. 5 Minuten ruhen lassen.

ANRICHTEN

½ Nashi Birne, in 4 gleichmäßigen Spalten

1 TL Honig

1 Salzzitrone (Feinkost- oder Onlinehandel),
in dünnen Scheiben

50 ml reduzierter Kalbsfond

Das Bohnenragout jeweils mittig auf vier Tellern platzieren. Nashi-Birnenspalten mit dem Honig bestreichen und anlegen. Kalbsmedaillons längs halbieren und auf die Teller verteilen. Salzzitronenscheiben zur Rosette drehen und dazulegen.
Die Schulter in gleichmäßige Scheiben schneiden und in gleichen Portionen auf die Teller verteilen. Die Scheiben mit Pesto bestreichen, die Schmorsauce angießen und die Rotweinschalotten aufsetzen. Den Kalbsfond kurz aufkochen lassen, die Café-de-Paris-Butter unterheben und bei den Kalbsmedaillons angießen.

TAUBE AUS ANJOU

Grenobler Art // Tomate // Kapern // Limette

PETERSILIENWURZELPÜREE

Butter zum Anbraten

1 Schalotte, in feinen Scheiben

3 Champignons, in feinen Scheiben

2 Petersilienwurzeln, fein gewürfelt

Salz

3 EL Weißwein

3 EL Geflügelbrühe

5 EL Sahne

1 Spitzer Zitronensaft

2 TL Petersilienpüree (siehe Petersilien-Lollis
Seite 149)

In einer kleinen Kasserolle Butter schmelzen lassen.
Die Schalotten- und Champignonscheiben darin kurz
anbraten. Die Petersilienwurzel dazugeben. Alles leicht
salzen und mit dem Weißwein ablöschen. Reduzieren
lassen, bis keine Flüssigkeit mehr vorhanden ist. Nun
die Geflügelbrühe angießen und alles weiterköcheln
lassen, bis die Gemüse weich sind und alle Flüssigkeit verdampft ist. Anschließend die Sahne hinzufügen,
alles nochmals kurz aufkochen lassen und mit dem
Stabmixer pürieren. Die Masse durch ein feines Sieb
streichen, mit Salz und Zitronensaft abschmecken und
zum Schluss das Petersilienpüree unterheben. Warm
stellen.

TOMATEN-GEL

100 ml Tomatenpüree

Salz

etwas grüner Tabasco

1,5 g Agar Agar

Das Tomatenpüree mit Salz und grünem Tabasco abschmecken. Aufkochen lassen und mit dem Agar Agar
binden. Beiseitestellen und erkalten lassen, dann in einen Spritzbeutel füllen.

LIMETTEN-GEL

100 ml Limettenpüree (Onlinehandel)

Salz

Puderzucker

1,5 g Agar Agar

Das Limettenpüree mit Salz und Puderzucker abschmecken. Aufkochen lassen und mit dem Agar Agar
binden. Beiseitestellen und erkalten lassen, dann in einen Spritzbeutel füllen.

KAPERN-GEL

50 g eingelegte Kapern (Einlegsud aufheben!)

2 EL Kapernsud

100 ml Geflügelbrühe

1,5 g Agar Agar

1 TL Puderzucker

In einer kleinen Sauteuse, die Kapern im Einlegsud
und der Geflügelbrühe aufkochen und die Flüssigkeit
auf die Hälfte reduzieren lassen. Mit einem Stabmixer
pürieren und die Masse durch ein feines Sieb in eine
zweite kleine Sauteuse passieren. Nochmals aufkochen
lassen und mit Agar Agar binden. In ein paar Minuten
erkalten lassen, dann nochmals aufmixen und in einen
kleinen Spritzbeutel füllen.

KARTOFFELSCHEIBEN

1 längliche festkochende Kartoffel

Salz

frisch geriebene Muskatnuss

Olivenöl zum Braten

100 ml Geflügelbrühe

Taubenjus zum Lacken (vom Metzger; alternativ Geflügeljus)

Für die Kartoffelscheiben den Backofen auf 160 °C vorheizen. Die Kartoffel schälen und der Länge nach in vier rechteckige Scheiben schneiden. Die Scheiben jeweils auf einer Seite mit einem Messer mehrmals leicht einschneiden, salzen und mit Muskat bestreuen. Anschließend das Olivenöl in einer kleinen ofenfesten Pfanne erhitzen. Die Kartoffelscheiben jeweils auf der eingeschnittenen Seite darin goldgelb anbraten; wenden und mit der Geflügelbrühe übergießen. Die Pfanne in den Ofen schieben und die Kartoffelscheiben unter mehrmaligem Übergießen in 35–40 Minuten garen. Zum Schluss etwas Taubenjus dazugeben und die Kartoffelscheiben in weiteren 2–3 Minuten lacken.

KADAYIF-TEIGNESTER

ca. 200 ml Öl zum Frittieren

80 g Kadayif-Teig (Fadenteig; erhältlich im türkischen Supermarkt)

fein geschroteter schwarzer Pfeffer

12 Kapern (für die Dekoration)

Für die Teignester das Öl in einer Pfanne erhitzen. Den Kadayif-Teig zu 4 gleichmäßigen Nestern formen. Die Nester nacheinander in eine Schöpfkelle setzen und einzeln im Fett knusprig backen. Auf Küchenpapier abtropfen lassen und mit dem Pfeffer bestreuen. Für die Deko die Kapern frittieren, abtropfen lassen und beiseitelegen.

TAUBEN

2 küchenfertige Tauben

Olivenöl zum Anbraten

Salz, geschroteter schwarzer Pfeffer

etwas Butter

Für die Tauben den Backofen auf 160 °C vorheizen. Die Keulen von den Tauben lösen. (Für dieses Rezept werden sie nicht mehr gebraucht; Sie können sie später separat anbraten und zupfen.) Die Karkassen jeweils mit einem Sägemesser von hinten halbieren, sodass nur die beiden Brüste auf jeder Karkasse bleiben. Brüste salzen, pfeffern und in einer Pfanne in Olivenöl pro Seite 2 Minuten anbraten. Auf ein Backblech legen, in den vorgeheizten Ofen schieben und 10–12 Minuten garen. Die Taubenbrüste aus dem Ofen nehmen und etwa 10 Minuten ruhen lassen. Danach die Brüste von den Karkassen schneiden und von der Haut befreien. In einer Pfanne etwas Butter schaumig werden lassen, die Brüste in die Pfanne geben und nochmals etwa 1 Minute auf beiden Seiten bei schwacher Hitze anziehen lassen. Die Brüste aus der Pfanne nehmen, mit Küchenpapier abtupfen und längs halbieren.

FERTIGSTELLEN UND ANRICHTEN

4 kandierte Zitronenscheiben

4 Zweige eingelegter Meerfenchel (Onlinehandel)

20 ml Taubenjus (vom Metzger oder Geflügelhändler, alternativ Geflügeljus)

Die Bruststücke auf vier Teller verteilen und je 1 Teignest daraufsetzen. Das Petersilienwurzelpüree daneben drapieren. Tomaten-, Limetten- und Kaperngel als Punkte auf die Tellern setzen. Mit den frittierten Kapern und kandierten Zitronenscheiben garnieren. Die geschmorte Kartoffel und den Meeresfenchel anlegen und die Taubenjus angießen.

REH AUS HEIMISCHER JAGD

Gelber Rettich // Süßkartoffel // Feldsalat

RETTICH-ZYLINDER

½ Süßkartoffel (ca. 50 g), Salz

2 Scheiben Ingwer (je ca. 1 cm)

20 g durchwachsener Bauchspeck, in feinen Streifen

Olivenöl zum Braten

1 Schalotte, fein gewürfelt

100 g Feldsalat

50 ml Geflügelbrühe

1 EL Champagneressig

2 EL Traubenkernöl

100 g gepickelter, gelber Rettich (Onlinehandel)

Den Backofen auf 160 °C vorheizen. Süßkartoffel schälen und in drei Scheiben schneiden. Salzen, auf Alufolie auslegen, mit dem Ingwer belegen. Alles in die Folie einschlagen und im vorgeheizten Ofen etwa 40 Minuten garen lassen. Das Päckchen aus dem Ofen nehmen, Alufolie öffnen und den Ingwer entfernen. Die Süßkartoffelscheiben abkühlen lassen und anschließend in etwa 2 x 2 cm große Würfel schneiden; in einer kleinen Schüssel beiseitestellen.
Die Speckstreifen im Olivenöl in einer Pfanne anbraten, die Schalottenwürfel und den Feldsalat dazugeben. Nach etwa 2 Minuten die Geflügelbrühe dazugießen und alles reduzieren, bis keine Flüssigkeit mehr vorhanden ist. Mit dem Champagneressig und dem Traubenkernöl abschmecken. Alles mit dem Stabmixer pürieren und durch ein feines Sieb passieren. Die so entstandene Marinade über die Süßkartoffelwürfel geben.
Den Rettich in vier ca. 0,5 cm dicke Scheiben schneiden, den Rest fein würfeln. Die Rettichwürfel unter die Süßkartoffelwürfel mischen. Mithilfe einer Frischhaltefolie die 4 Rettichscheiben leicht überlappend nebeneinanderlegen, mit den marinierten Würfeln belegen und zu einer Rolle einschlagen; etwa 1 Stunde kalt stellen. Die gekühlte Rolle in vier gleichmäßige Stücke (Zylinder) schneiden und Raumtemperatur annehmen (temperieren) lassen.

CUMBERLAND-GEL

100 g schwarzes Johannisbeerpüree

1 Messerspitze scharfer Senf

1 Messerspitze Meerrettichcreme (Tafelmeerrettich)

2 EL Orangensaft

2 g Agar Agar

Das Johannisbeerpüree mit Senf, Meerrettich und Orangensaft vermischen. In einer kleinen Sauteuse aufkochen lassen und sofort mit dem Agar Agar binden. Etwa 1 Stunde kalt stellen. Anschließend mit dem Stabmixer kurz aufmixen; in eine Squeeze-Flasche füllen.

GEWÜRZMISCHUNG FÜR DEN REHRÜCKEN

4 Wacholderbeeren

1 TL Akaziensamen

1 Gewürznelke

5 schwarzer Pfefferkörner

2 weiße Pfefferkörner

4 Körner Tasmanischer Pfeffer (alternativ: schwarzer Pfeffer)

1 Sternanis

2 Stück Zimtrinde

1 Messerspitze Quatre Epice

1 Kardamomkapsel

1 frisches Lorbeerblatt

10 Korianderkörner

1 TL Fenchelsaat

Alle Zutaten in eine beschichtete Pfanne geben und anrösten. Aus der Pfanne nehmen und im Mixer fein zerkleinern.

REHRÜCKEN

350 g Rehrücken, pariert

Salz, schwarzer Pfeffer aus der Mühle

Gewürzmischung (siehe Seite 216 unten)

Olivenöl und Butter zum Anbraten

6 Wacholderbeeren

1 Zweig Rosmarin

1 Zweig Thymian

4 EL Wildfond

Für den Rehrücken den Backofen auf 160 °C vorheizen. Den Rehrücken mit Salz und Pfeffer würzen, dann mit der Gewürzmischung bestreuen. Eine ofenfeste Pfanne mit Olivenöl und Butter erwärmen. Den Rehrücken hineinlegen, Wacholder, Rosmarin und Thymian hinzufügen und das Fleisch von beiden Seiten (ca. 2 Minuten) anbraten. Die Pfanne in den vorgeheizten Ofen stellen und den Rehrücken 10–12 Minuten garen. Aus dem Ofen nehmen und das Fleisch etwa 5 Minuten ruhen lassen. Im Ganzen kurz nachbraten und in vier Stücke aufschneiden. Kurz vor dem Anrichten den Wildfond separat auf etwa die Hälfte reduzieren.

PFIFFERLINGE

Butter zum Sautieren

80 g möglichst kleine Pfifferlinge, geputzt

½ Schalotte, fein gewürfelt

Salz

Für die Pfifferlinge Butter in einer Pfanne erwärmen. Pfifferlinge und Schalottenwürfel darin kurz sautieren; mit Salz abschmecken.

FERTIGSTELLEN UND ANRICHTEN

Die Rehrückenstücke auf vier Teller verteilen. Die Süßkartoffel-Rettich-Zylinder anlegen und die Pfifferlinge dazugeben. Das Cumberland-Gel dekorativ auf die Teller spritzen. Zum Schluss den reduzierten Wildfond angießen.

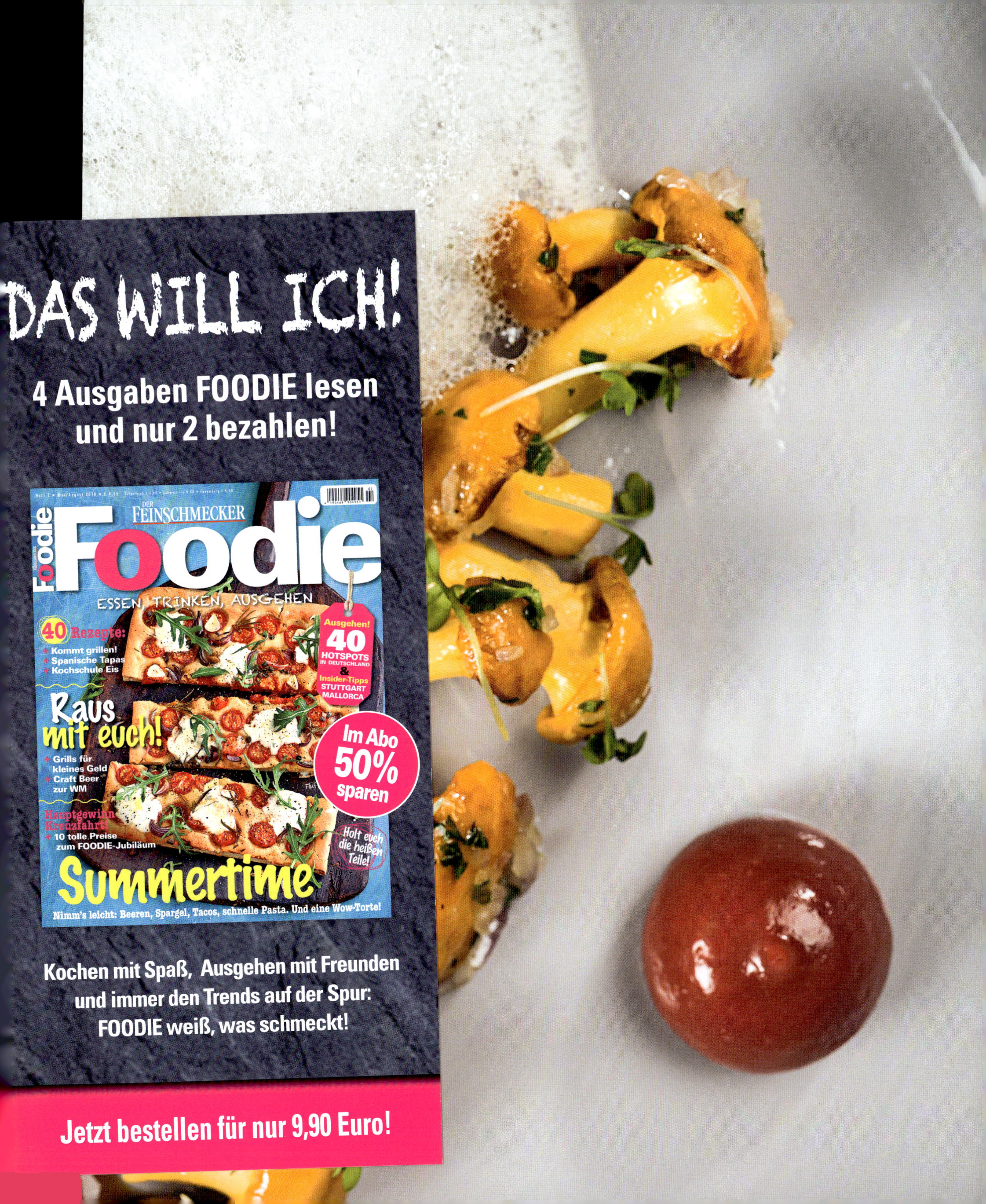

SHORT RIB VON DAN MORGEN

Pinienkerne // Fenchel // Jahrgangssardine

SHORT RIB UND RÖSTGEMÜSE

1 Short Rib (am Knochen; ca 1 kg), pariert

Salz

Pfeffer aus der Mühle

Olivenöl zum Braten

2 weiße Zwiebeln, fein gewürfelt

½ Stange Lauch, fein gewürfelt

1 Stange Sellerie, fein gewürfelt

1 Knoblauchzehe, angedrückt

je 1 Zweig Rosmarin und Thymian

2 EL Tomatenmark

500 ml Rotwein

200 ml roter Portwein

Salz

schwarzer Pfeffer aus der Mühle

Olivenöl

Den Backofen auf 170 °C vorheizen. Das Short Rib salzen und pfeffern. In einer Reine (Bräter) Olivenöl erwärmen und das Fleisch von beiden Seiten 2 Minuten anbraten. Herausnehmen und kurz beiseitestellen. Die Zwiebel-, Lauch- und Selleriewürfel bei mittlerer Hitze in die Reine geben. Knoblauchzehe, Rosmarin- und Thymianzweig hinzufügen. Das Tomatenmark untermischen. Alles mit dem Rot- und dem Portwein ablöschen und reduzieren, bis keine Flüssigkeit mehr vorhanden ist.

Das Short Rib wieder in die Reine legen, bis zur halben Höhe des Ribs Wasser einfüllen und die Reine in den vorgeheizten Ofen schieben. Sollte im Laufe des Garprozesses die Flüssigkeit zu stark reduzieren, können Sie kaltes Wasser nachfüllen.

Die Reine mit dem Deckel verschließen und das Short Rib etwa 3 Stunden schmoren lassen. Dabei etwa alle 20 Minuten den Deckel heben und das Fleisch mit Flüssigkeit übergießen. Das Fleisch ist dann fertig, wenn sich die Knochen leicht lösen lassen. Die Reine aus dem Ofen nehmen, das Fleisch herausnehmen und im Ofen bei etwa 50 °C warm stellen.

Die Sauce aus der Reine durch ein feines Sieb in eine Pfanne passieren und anschließend bis zur gewünschten Konsistenz einkochen lassen. Die Pfanne mit der Sauce ebenfalls warm stellen.

RINDERMARK

Mark aus 5 Rindermarkknochen (das Mark vom Metzger ausbrechen lassen)

2 EL fein geriebener Parmesan

Salz

Das Mark in einem kleinen Topf schmelzen, den geriebenen Parmesan einstreuen, mit etwas Salz abschmecken und anschließend durch ein feines Sieb in eine kleine Schale passieren. Die Schale für ca. 3 Stunden in den Kühlschrank stellen, bis das Mark fest ist. Vor dem Servieren mit einem kleinen Spachtel (oder Messer) kleine Rosetten abziehen.

PINIENKERNCREME

60 g Butter

2 Schalotte, fein gewürfelt

50 g geröstete Pinienkerne, grob gehackt

140 ml Geflügelbrühe

20 g fein geriebener Parmesan

Salz

schwarzer Pfeffer aus der Mühle

Für die Pinienkerncreme- und Paprika-Gel--Punkte zum Garnieren benötigen Sie jeweils etwa die Hälfte der angegebenen Zutatenmengen. Die Zubereitung ist aber in größerer Menge leichter. Verteilen Sie zum Anrichten die Punkte ganz nach Belieben.

Die Butter in einer kleinen Kasserolle zum Schmelzen bringen. Die Schalottenwürfel darin glasig dünsten. Die Pinienkerne dazugeben. Dann die Geflügelbrühe hineingießen und bei mittlerer Hitze um etwa die Hälfte reduzieren. Die Kasserolle vom Herd nehmen, den geriebenen Parmesan einstreuen, alles mit Salz und Pfeffer abschmecken. Die Masse in einem kleinen Mixer zu einer geschmeidigen Creme mixen, in eine Squeeze-Flasche füllen und warm stellen.

PINIENKERNNOCKEN

60 g Butter

2 Schalotten, fein gewürfelt

30 g feine Kapern

2 Jahrgangssardine, geviertelt

80 g geröstete Pinienkerne, grob gehackt

200 ml Geflügelbrühe

4 EL fein geriebener Parmesan

Salz

schwarzer Pfeffer aus der Mühle

Für die Pinienkernnocken die Butter in einer Kasserolle zum Schmelzen bringen. Die Schalottenwürfel darin glasig dünsten. Anschließend die Kapern, die Jahrgangssardinenviertel und die Pinienkerne hinzufügen. Alles mit dem Geflügelfond angießen und um zwei Drittel reduzieren lassen. Nun den geriebenen Parmesan unterheben. Die Masse mixen; mit Salz und Pfeffer abschmecken. Mit zwei Teelöffeln zu 4 gleich großen Nocken formen.

Für 4 Pinienkernnocken benötigen Sie nur etwa die Hälfte der angegeben Zutatenmengen. Doch um die Zubereitung zu erleichtern, habe ich die Mengen erhöht. Drehen Sie die Größe und Anzahl der Nocken ganz nach Ihrem Geschmack ab.

GLASIERTE FENCHEL- UND KAROTTENSPALTEN

1 Baby-Fenchel, mit Strunk geviertelt

1 Baby-Karotte, geschält (Grün dranlassen) und längs geviertelt

30 g Butter

2 EL Zucker

Den Strunk von den Fenchelvierteln soweit abschneiden, dass der Fenchel noch seine Form behält. Fenchel- und Karottenspalten in Salzwasser blanchieren, dann sofort in Eiswasser abschrecken und mit Küchenpapier abtrocknen. Anschließend in einer Panne mit Butter und Zucker glasieren. Beiseitestellen.

PAPRIKA-GEL

200 ml Paprikapüree

Salz

schwarzer Pfeffer aus der Mühle

3 g Agar Agar

Das Paprikapüree salzen und pfeffern. In einer kleinen Sauteuse aufkochen lassen mit Agar Agar binden. 1 Stunde kalt stellen. Mit dem Stabmixer aufmixen und in eine kleine Squeeze-Flasche füllen.

ZWIEBELKROKETTEN

2 EL Zucker

2 EL Rotweinessig

30 g Butter

3 rote Zwiebeln, fein gewürfelt

Salz, schwarzer Pfeffer aus der Mühle

70 g Mie de pain (geriebenes Weißbrot ohne Rinde)

1 Eiweiß

Mehl zum Bestreuen

Öl zum Ausbacken

In einer Sauteuse den Zucker zu einem hellen Karamell kochen. Mit dem Rotweinessig ablöschen, dann die Butter untermischen. Die Zwiebelwürfel dazugeben. Alles mit Salz und Pfeffer abschmecken und bei mittlerer Hitze köcheln, bis sämtliche Flüssigkeit verdampft ist. Mit 20 g Mie de pain zu einer Masse binden und diese im Kühlschrank ca. 1 Stunde kalt stellen.

Das restliche Mie de pain auf einen kleinen Teller geben. Das Eiweiß leicht anschlagen. Aus der gekühlten Zwiebelmasse 4 gleich große Bällchen formen. Diese erst mit Mehl bestäuben, dann durch das angeschlagene Eiweiß ziehen und schließlich im Mie de Pain wälzen. Das Öl zum Ausbacken in einer Pfanne auf 180 °C erhitzen und die Zwiebelkroketten darin ausbacken. Aus dem Fett heben und auf Küchenpapier abtropfen lassen. Leicht salzen und warm stellen. Das Öl für die Röstzwiebeln behalten.

RÖSTZWIEBELN

1 weiße Zwiebel, in feinen Scheiben

Mehl zum Mehlieren

Öl zum Ausbacken (siehe links unten)

Salz

Die Zwiebelscheiben mehlieren. Das Öl in der Pfanne auf 150 °C bringen. Die Zwiebelscheiben darin unter ständigem Rühren goldgelb backen. Aus der Pfanne nehmen und auf Küchenpapier abtropfen lassen. Leicht salzen. Warm stellen.

FERTIGSTELLEN UND ANRICHTEN

Das Short Rib in gleichmäßige Stücke schneiden, in der Sauce glasieren und auf vier Teller verteilen. Die Pinienkerncreme mittig auf die Teller spritzen, die Nocken anlegen. Die glasierten Fenchelspalten anlegen, mit dem Paprika-Gel Punkte setzen. Die Karottenviertel halbieren und auf das Fleisch legen. Jeweils 1 Zwiebelkrokette separat (am Rand des Tellers) mit dem Rindermark anrichten und mit den Röstzwiebeln bestreuen.

223

TOPFENSOUFFLÉ

Mascarpone // Zitrusfrucht

Die Mascarpone-Eiscreme und die Limetten-scheiben für die Dekoration können (und sollten) Sie mindestens einen Tag vor dem Servieren des Desserts zubereiten.

MASCARPONE-EISCREME

220 ml Milch

125 g Mascarpone

20 g Glukosesirup

40 g Zucker

20 g Invertzucker (Onlinehandel)

1 Prise Macis (gemahlene Muskatblüte)

Saft von ½ Limette

1 TL Salz

Milch, Mascarpone, Glukosesirup, Zucker und Invertzucker miteinander verrühren. Mit Macis, Limettensaft und etwas Salz abschmecken und über Nacht im Kühlschrank abgedeckt stehen lassen. Die Masse anschließend in einer Sorbetière zu einer cremigen Konsistenz gefrieren lassen. Alternativ die Masse in einem geeigneten Gefäß gefrieren lassen und vor dem Servieren kurz durchmixen, damit das Eis schön cremig wird.

KANDIERTE LIMETTENSCHEIBEN ZUR DEKORATION

1 Limette, in sehr dünnen Scheiben

50 g Zucker

50 g Wasser

Den Backofen auf 50 °C vorheizen und ein Backblech mit Backpapier belegen. Zucker und Wasser zusammen aufkochen und anschließend abkühlen lassen (Läuterzucker). Die Limettenscheiben durch den Läuterzucker ziehen, auf das Backpapier legen und im vorgewärmten Backofen in etwa 12 Stunden trocknen bzw. kandieren lassen. Wer einen Dehydrator besitzt, kann die Limettenscheiben statt im Backofen darin trocknen lassen.

ZITRUSGEL

60 ml Zitronensaft

25 ml Limettensaft

25 ml Kalamansi-Saft (Onlinehandel, alternativ 25 ml Limettensaft verwenden)

10 g rosa Sushi-Ingwer

125 g Zucker

6 g Agar Agar

125 ml Wasser mit allen Säften, dem Ingwer und dem Zucker aufkochen lassen. Die Flüssigkeit mit dem Agar Agar binden und dann in eine Schüssel gießen. Diese auf Eis stellen und die Mischung erkalten lassen. Anschließend in eine Squeeze-Flasche oder einen Spritzbeutel (mit feiner Lochtülle) füllen.

MASCARPONECREME

40 g Mascarpone

1 TL Puderzucker

1 Spritzer Limettensaft

Mascarpone mit Puderzucker und Limettensaft in einer kleinen Schale mit einem Schneebesen cremig rühren und in einen zweiten Spritzbeutel füllen.

SOUFFLÉS

120 g Topfen, abgehangen (ein paar Stunden in einem Tuch abtropfen lassen)

3 Eier, getrennt

Mark von 1 Vanilleschote

40 g Zucker

abgeriebene Schale von 1 Bio-Zitrone

abgeriebene Schale von ½ Bio-Limette

1 EL Mandelgrieß (fein gemahlene, geschälte Mandeln)

AUSSERDEM

Butter und Zucker für die Souffléförmchen

Puderzucker zum Bestreuen

Den Backofen auf 230 °C Unterhitze und, wenn möglich, 180 °C Oberhitze vorheizen. Alternativ den Backofen auf 190 °C vorheizen.

Den Topfen mit den Eigelben, dem Vanillemark, den abgeriebenen Zitrusfruchtschalen und dem Mandelgrieß verrühren. Die Eiweiße anschlagen, dann den Zucker langsam unter weiterem Rühren einrieseln lassen, bis ein glänzender, fester Eischnee entstanden ist. Den

Eischnee unter die Topfenmasse heben.

Vier Souffléförmchen mit Butter ausstreichen, dann auszuckern. Eine ofenfeste Form, in die die Förmchen nebeneinander hineinpassen, bereitstellen. Die Förmchen randvoll mit der Eischnee-Topfen-Masse füllen, anschließend leicht aufklopfen, damit sich in der Masse keine Luftbläschen bilden. Die Förmchen in die Form stellen und so viel heißes Wasser in die Form gießen, bis die Souffléförmchen zu ca. zwei Drittel hoch darin stehen. Die Form in den vorgeheizten Ofen schieben und die Soufflés in 20–25 Minuten garen.

FERTIGSTELLEN UND ANRICHTEN

Zitrusgel und Mascarponecreme als Punkte auf vier Teller spritzen, das Eis in Nocken anlegen. Die Förmchen aus dem Wasserbad nehmen, die Soufflés behutsam jeweils auf einen Teller stürzen und mit etwas Puderzucker bestreuen. Das Dessert mit den getrockneten Limettenscheiben dekorieren.

HIMBEERE

Frischkäse // Macadamia // Basilikum

Himbeerbaisers und Basilikumeiscreme können und sollten Sie einen Tag vor dem Servieren des Desserts zubereiten.

HIMBEERBAISERS

55 g Isomalt (Onlinehandel)

7 g Eiklarpulver (Albumin; Onlinehandel)

160 g Himbeermark

Den Backofen auf 50 °C vorheizen. Ein Backblech mit Backpapier belegen. In einer kleinen Schüssel zuerst das Isomalt und das Eiklarpulver vermischen, dann das Himbeermark unterrühren. Das Ganze in der Küchenmaschine oder mit den Schneebesen des Handrührgeräts so lange aufschlagen, bis eine luftige Masse entstanden ist. Diese in einen Spritzbeutel füllen und als kleine Tupfen auf das vorbereitete Backblech spritzen. Das Blech in den Ofen schieben und die Tupfen etwa 10 Stunden im Ofen bei angelehnter Ofentür trocknen lassen.

BASILIKUMEISCREME

1 Blatt Gelatine, 90 Glukosesirup

170 g Zucker, 80 g Basilikumblätter

50 ml Limettensaft

80 g Joghurt, 1 EL Crushed Ice

Die Gelatine in kaltem Wasser einweichen, dann ausdrücken. Glukosesirup erwärmen, 50 g Zucker hineinrühren und die Gelatine in der Glukose-Zucker-Mischung auflösen.

Den restlichen Zucker (120 g) mit 300 ml Wasser, den Basilikumblättern sowie Limettensaft, Joghurt und dem Crushed Ice in den Mixer geben, die Gelier-Glukose-Mischung hinzufügen und die Masse ca. 2 Minuten auf höchster Stufe mixen. Anschließend in eine Sorbetiere umfüllen und gefrieren lassen. Alternativ die Masse in eine gefriergeeignete Form füllen und im Gefriergerät fest werden lassen. Das Eis vor dem Servieren cremig aufschlagen.

HIMBEERSCHOKOLADE

150 g Himbeermark

20 g Zucker

1 TL Himbeereessig

1,5 g Agar Agar

30 g dunkle Kuvertüre (70 %), geschmolzen

Das Himbeermark mit Zucker und Essig aufkochen lassen. Alles mit dem Agar Agar binden und anschließend die Kuvertüre langsam einlaufen lassen. Die Masse auf ein Backblech gießen. Erkalten und fest werden lassen, dann in kleine Stücke brechen.

Insgesamt benötigen Sie für diese Rezept 550 g Himbeermark. Sie bekommen es im Onlinehandel oder können es selber herstellen. Dafür etwa 650 g tiefgefrorene Himbeeren auftauen lassen, anschließend mit dem Stabmixer oder im Mixer gründlich durchmixen und diese Masse dann durch ein feines Sieb passieren

HIMBEERGELEE-MANTEL

140 g Himbeermark, 1 EL Himbeeressig
15 g Zucker
1 g Agar Agar
1 g Gelan (Bindemittel; alternativ: 2 g Agar Agar)
1 Blatt Gelatine

Gelatine in kaltem Wasser einweichen, herausnehmen, vorsichtig ausdrücken und auf einem kleinen Teller beiseitestellen.
Ein Backblech mit Frischhaltefolie bespannen. Himbeermark, Himbeeressig und Zucker in einem kleinen Topf aufkochen lassen und das Agar Agar hineinrühren; nochmals aufkochen lassen. Topf vom Herd nehmen und die Gelatine in der heißen Flüssigkeit auflösen. Anschließend das Ganze auf das Blech gießen. Wichtig: Die Masse dabei sehr dünn (ca. 1 mm hoch) auftragen. Kalt stellen und gelieren lassen.

FRISCHKÄSEMOUSSE

1 Eigelb
30 g Zucker
2 Blatt Gelatine
150 g Sahne
200 g Frischkäse
Mark von ½ Vanilleschote
abgeriebene Schale von je ¼ Bio-Orange und -Zitrone

Eigelb mit dem Zucker schaumig schlagen. Die Gelatine in kaltem Wasser einweichen; vorsichtig ausdrücken. Von der Sahne 2 TL abnehmen und erwärmen. Die Gelatine darin auflösen. In einer Schüssel den Frischkäse mit Vanillemark sowie Orangen- und Zitronenschale und der aufgelösten Gelatine vermischen. Die übrige Sahne steif schlagen und unter die Frischkäsemasse ziehen. Die Mousse in den Kühlschrank stellen und vor dem Anrichten in einen Spritzbeutel füllen.

HIMBEERGEL

100 g Himbeermark
25 g Zucker
25 g Himbeeressig
1,5 g Agar Agar

Himbeermark mit Zucker und Himbeeressig aufkochen lassen. Das Ganze mit dem Agar Agar binden; beiseitestellen und erkalten bzw. gelieren lassen. Das Himbeergel mit dem Stabmixer durchmixen und in eine Squeeze-Flasche füllen.

NUSSSTREUSEL

50 g Zucker
60 g Macadamianusskerne

Zucker mit 50 ml Wasser in eine kleine Pfanne geben, aufkochen und etwa 1 Minute kochen lassen, bis ein Sirup entstanden ist. Die Nusskerne in den Zuckersirup geben und weiterkochen lassen, bis die Flüssigkeit kristallisiert ist. Die Pfanne vom Herd nehmen, den Pfanneninhalt abkühlen lassen und anschließend im Mixer grob zerkleinern.

NUSSCREME

150 g Macadamianusskerne
120 ml Milch
50 g weiße Kuvertüre

Für die Nusscreme die Nusskerne in einer beschichteten Pfanne goldgelb rösten. In einem kleinen Topf die Milch kurz aufkochen lassen, die Nüsse hinzufügen und alles köcheln, bis die Nüsse weich sind. Die weiße Kuvertüre in die Nussmilch geben und schmelzen lassen. Die Milch-Nuss-Schoko-Mischung im Mixer oder mit dem Stabmixer pürieren und anschließend durch ein feines Sieb streichen. Die Creme in eine Squeeze-Flasche füllen und kalt stellen.

FERTIGSTELLEN UND ANRICHTEN

100 g frische Himbeeren

Aus dem Himbeergelee-Mantel acht gleichmäßige rechteckige Stücke schneiden und diese nebeneinander auf eine glatte Arbeitsfläche legen. Das Frischkäsemousse als Streifen in die Mitte der Gelee-Rechtecke spritzen und die Rechtecke zu Rollen formen; die Enden gerade schneiden. Je 2 Röllchen auf einen Teller setzen.

Das Himbeergel aufpunkten, die Himbeerschokolade auflegen und die Baisers dazu dekorieren. Die Streusel aufstreuen, die Nusscreme aufspritzen und das Basilikumeis in Nocken anlegen. Das Arrangement mit frischen Himbeeren garnieren.

KAFFEESATZ

Herzkirsche // Tonkabohne

EXTRAS
Sahnesyphon und 2 Gaskapseln, evtl.
Vakuumiergerät

EINGELEGTE KIRSCHEN

12 Herzkirschen

50 g Zucker

2 EL Banyuls

4 EL roter Portwein

100 ml Kirschmark (120 g gefrorene Kirschen, püriert)

1 Gewürznelke

1 Sternanis

abgeriebene Schale von ½ Bio-Orange

abgeriebene Schale von ½ Bio-Zitrone

Ein paar Tage vor dem Anrichten bereits die Kirschen einlegen. Dafür die Kirschen entsteinen und die Kirschkerne aufbewahren. Den Zucker in einem kleinen Topf hell karamellisieren lassen, dann mit Banyuls und Portwein ablöschen. Kirschkerne, Kirschmark, Gewürznelke, Sternanis sowie Orangen- und Zitronenschale in den Sud geben und alles zusammen aufkochen lassen. Den Sud durch ein feines Sieb passieren und erkalten lassen. Die Kirschen in den kalten Sud legen und mindestens 2 Tage marinieren lassen.

KAFFEEKUCHEN

150 g weiche Butter

115 g Zucker

5 Eier

abgeriebene Schale von ½ Bio-Orange

1 EL Kahlua (oder ein anderer Kaffeelikör)

150 g dunkle Kuvertüre, geschmolzen

20 g Instant-Kaffee, in 40 ml Wasser aufgelöst

130 g Mehl mit 1 TL Backpulver vermischt

Den Backofen auf 160 °C vorheizen. Eine normale Kastenbackform mit Backpapier auskleiden. Die Butter mit dem Zucker schaumig schlagen, dann die Eier unterrühren. Den Kahlua, die geschmolzene Kuvertüre, den aufgelösten Kaffee und die Mehl-Backpulver-Mischung nacheinander zu der Butter-Eier-Masse geben und behutsam unterrühren, sodass keine Klümpchen entstehen.
Die Kaffeekuchenmasse in die vorbereitete Form füllen, in den heißen Ofen schieben und etwa 45 Minuten backen. Wenn der Kuchen fertig ist, aus dem Ofen nehmen und in der Form abkühlen lassen. Danach aus der Form stürzen und für etwa 1 Stunde ins Tiefkühlgerät stellen.

TONKABOHNENCREME

20 g Sahne

50 ml Milch

3 Tonkabohnen

1 Prise Salz

90 g Opalys Schokolade (Pets; weiße Schokolade von Valrhona)

3 Blatt Gelatine

In einem kleinen Topf Sahne und Milch mit den Tonkabohnen aufkochen, mit 1 Prise Salz würzen und die Mischung etwa 10 Minuten ziehen lassen. Danach die Schokoladepets einrühren.
Die Gelatine ein paar Minuten in kaltem Wasser einweichen. Herausnehmen, vorsichtig ausdrücken und in der warmen Tonkabohnen-Schokoladenmasse unter Rühren auflösen. Die Masse etwa 1 Stunde kalt stellen. Vor dem Anrichten cremig aufmixen.

KAFFEE-EISCREME

200 ml Milch

100 g Sahne

50 g Espressobohnen, geröstet

2 Espressi

abgeriebene Schale von 1 Bio-Orange

1 EL Baileys

1 EL Orangenlikör

1 Eigelb

50 g Zucker

In einem Topf Milch und Sahne mit den gerösteten Espressobohnen und Espressi sowie Orangenschale, Baileys und Orangenlikör aufkochen lassen.
In einer Metallschüssel, die über ein Wasserbad passt, das Eigelb und den Zucker schaumig schlagen. Die Schüssel auf ein warmes Wasserbad setzen und die gewürzte Espressomilch unter ständigem Rühren in die Eigelbcreme gießen. Die Masse zur Rose abziehen, das heißt, das Ganze so lange über dem Wasserbad rühren, bis eine schöne cremige Konsistenz entstanden ist. Die Creme durch ein Sieb passieren und abkühlen lassen. Anschließend in der Sorbetiére (oder in einer gefriergeeigneten Schüssel im Tiefkühlgerät) gefrieren lassen. Im Tiefkühlgerät gefrorenes Eis vor dem Servieren cremig aufschlagen.

LUFT-SCHOKOLADE

300 g dunkle Kuvertüre

50 g Kakaobutter

Für die Luft-Schokolade Kuvertüre und Kakaobutter jeweils in einem Topf auf jeweils 30 °C temperieren und dann vermischen. Die Mischung in einen Sahnesyphon füllen und nacheinander das Gas aus zwei Kapseln einströmen lassen. Die Luft-Schokolade in eine Schüssel spritzen. Eine etwas größere Schüssel mit Eis füllen und die Schüssel mit der Schokolade hineinstellen. Beide zusammen bei 1.6 Bar ca. 30 Minuten im Vakuumgerät erstarren lassen.

ALTERNATIVE OHNE VAKUUMGERÄT

Ein flaches Gefäß mit Backpapier auslegen. Die Masse hineinspritzen und das Gefäß ins Tiefkühlgerät stellen, bis die Masse fest ist. Anschließend mit dem Backpapier aus dem Gefäß ziehen und in Stücke brechen – die Stücke weisen Luftlöcher auf.
Wem das Herstellen der Luft-Schokolade zu aufwendig ist, oder wer kein Vakuumgerät hat, der kann natürlich auch fertige kaufen.

KAFFEE-CHIPS

100 g Glukosesirup

100 g Fondant

10 g dunkle Kuvertüre

15 g Kaffeebohnen, geröstet und fein gehackt

Den Backofen auf 120 °C vorheizen. Ein Backblech mit Backpapier belegen. Glukose und Fondant in einem Topf/einer Pfanne karamellisieren lassen, bis ein Zuckerthermometer 160 °C anzeigt. Die Kuvertüre einrühren und die Masse auf eine Silpatmatte gießen. Erkalten lassen und anschließend im Mixer zu Pulver schlagen. Das Pulver in kleinen Kreisen (etwa 3 cm Durchmesser) auf das mit Backpapier belegte Blech streuen. Das Blech in den heißen Ofen schieben und so lange (ca. 10 Minuten) darin lassen, bis die Kreise geschmolzen sind. Die Kreise vorsichtig vom Blech lösen und mit den gehackten Kaffeebohnen bestreuen.

DULCE-STREUSEL

80 g fein gemahlene, geschälte Haselnusskerne

100 g Mehl

120 g weiche Butter

70 g brauner Zucker

abgeriebene Schale von ½ Bio-Zitrone

Mark von ½ Vanilleschote

100 g Dulce Schokolade (Karamell-Schokolade von Valrhona)

Den Backofen auf 160 °C vorheizen und ein Backblech mit Backpapier belegen. Haselnüsse, Mehl, Butter, Zucker, Zitronenschale und Vanillemark in einer Schüssel zu Streuseln verkneten. Die Streusel auf das vorbereitete Blech streuen und im vorgeheizten Ofen 20–25 Minuten backen. Das Blech herausnehmen und die Streusel abkühlen lassen. Den Ofen nicht ausschalten!
Die Dulce Schokolade auf Backpapier auf ein zweites Backblech geben und in den 160 °C heißen Ofen schieben. So lange backen, bis sie karamellisiert. Die Schokolade in die Streusel rühren und alles so lange miteinander verreiben, bis wieder Streusel entstehen.

PFLAUMENKERNÖL-MALTO

50 g Maltodextrin

1 EL Pflaumenkernöl

Maltodextrin und Kernöl mit einem Schneebesen zu einer krümeligen Mischung verquirlen.

KIRSCH-GEL

100 ml Kirschmark

25 g Zucker

1 EL roter Portwein

1 TL Kirschwasser

1,5 g Agar Agar

Alle Zutaten, bis auf Agar Agar, in einem kleinen Topf aufkochen lassen. Dann mit dem Agar Agar binden und erkalten lassen. Das Gel mit dem Stabmixer aufschlagen und in eine kleine Squeeze-Flasche oder einen Spritzbeutel füllen.

FERTIGSTELLEN UND ANRICHTEN

Den Kaffeekuchen aus dem Gefriergerät nehmen und im Mixer fein mixen. Die Mischung in vier Förmchen drücken. Herausklopfen und mittig auf vier Teller setzen.
Die Tonkabohnencreme aufspritzen. Das Kaffeeeis in Nocken dazu anrichten. Die Luftschokoladenstückchen und die Kaffee-Chips anlegen. Die Dulce-Streusel darüberstreuen, dann das Pflaumenkernöl-Malto und das Kirsch-Gel aufspritzen. Zum Schluss die eingelegten Kirschen anlegen.

REZEPTREGISTER

IMPRESSUM

Projektleitung: Claudia Bruckmann
Redaktion und Lektorat: Cornelia Klaeger
Korrektorat: Petra Bachmann
Fotografie: Thorsten Jochim
Umschlaggestaltung und Innenlayout: Martina Baldauf
Satz: Christiane Hunstein
Herstellung: Markus Plötz
Repro: Ludwig, Zell am See
Druck: APPL, Wemding
Bindung: Conzella, Pfarrkirchen

Bildnachweis:
Aus Privatbesitz: S.6 (rechts unten), 9, 13, 15, 23, 41, 42, 43, 69, 70, 71, 109, 110, 111, 143

ISBN: 978-3-8338-6522-0

1. Auflage 2018

Ein Unternehmen der
GANSKE VERLAGSGRUPPE

www.graefeundunzer-verlag.de
www.facebook.com/gu.verlag